부부!
그 건강한
노화

● 정홍기 지음

부부!
그 건강한
노화

좋은땅

　　최근부터 저는 남은 인생을 어떻게 살아가야 할 것인가를 묻고 답하는 시간이 부쩍 늘어나고 있습니다. 그 해답이 명답이 되도록 많은 서책과 자료들을 섭렵하고 정리하면서 그에 관련된 사색과 성찰의 끈을 한시도 멈추지 않고 살아가고 있습니다.

　　어쩌면 우리들의 삶은 크고 작은 관심사의 연속입니다. 지금까지 살아오면서 제가 크게 관심을 갖고 학습의 기쁨을 이른 단어는 '도덕 교육'과 '부부 행복'이었습니다.

　　2006년 퇴직 이후 지금까지 '부부 행복지수의 향상'을 위하여 저술과 상담 · 강의 활동을 주로 해 왔습니다.

　　2024년 1월부터 40대에 즐겨 읽고 박사 학위 논문의 주 자료이었던 공자(孔子)『논어(論語)』를 다시 꺼내 읽기 시작했습니다.

　　『논어』의 핵심 철학은 한마디로 정의하면 학습입니다. 평생 학습이『논어』학습 철학입니다.

　　학습은 인생에서 가장 행복하고 기쁜 일입니다.

　　저도 학습을 통해 장생(長生) 라이프 스타일을 도모하는 일이 점점 더 큰 관심사이고 독서의 방향이 되어 가고 있습니다.

　　이번에 출간되는 책은 주로 노인대학 등에서 강의를 준비하면서 활용한 자료들을 모아서 정리하여 편찬하였습니다.

특히 고령기에 들어서 있는 고령자들이 장생(長生)에 도움이 필요한 읽을거리로 여겨 『부부! 그 건강한 노화』라는 이름으로 책을 출판하게 되었습니다.

이 책의 출판을 기해 저도 노후에 달성할 버킷리스트에 '골프(멘탈 스포츠)'를 추가하게 되었습니다.

체력과 정신 능력을 끊임없이 기르기 위한 도전장을 내밀었습니다.

'골퍼'들의 꿈인 에이지 슈팅(자신의 나이와 같거나 작은 타수를 기록하는 것)이라는 기록을 남기고 싶습니다.

그에 더해서 앞으로 주로 공자(孔子)의 사상을 학습하며 '부부 행복의 기법'을 도출해 내는 일이 삶의 중심을 이룰 것입니다. 그의 철학이 지닌 시대정신을 창조에 내고 심력(心力)과 뇌력(腦力) 체력(體力)을 길러 나가면서 여생을 충만한 기쁨을 누리도록 하겠습니다.

2024.9.1.

정홍기 배

목차

머리말   4

1   행복한 결혼 생활을 위한
    원칙   9

2   노년기의 아름다운
    부부 관계   11

3   부부 해로의 특효약
    '맞장구'   13

4   아내가 행복해야
    인생이 행복하다   15

5   노년을 멋있게 만드는
    열쇠   17

6   노년기 부부의 잔소리   19

7   100세 시대의
    축복과 재앙 사이   21

8   천수(天壽)를 누리려면   23

9   인생은
    서로 고마워 산다   26

10   오계(五計)와 오멸(五滅)   28

11   추한 노인의 3가지   31

12   멋진 노인의 3가지   32

13   유산이 독일 수 있다?   33

14   불치하문(不恥下問)   35

15   노인의 자세   36

16   100세 삶을 즐겨라   39

17   대만 최고의 베스트셀러
    작가 '우뤄취안'   41

18   '스티브 잡스'가 병상에서
    남긴 마지막 메시지   43

19   승자의 단어 '지금'
    패자의 단어 '나중'   45

20   꼰대들의 변   47

21   건강하게 오래 사는
    사람들의 특징   50

22   일본의 평균 수명이
    세계 1위인 이유   53

23   인생 80은 꽃으로 말하면
    만발한 때   54

24   유쾌하게 나이 드는 법
    3가지   56

25   노화 지연 10가지 가르침   58

26   겸손(謙遜, humility)   60

27 곰은 쓸개 때문에 죽고,
   사람은 혀 때문에 죽는다 62

28 흐르는 물은
   썩지 않는다(流水不腐)   64

29 각자무치(角者無齒)   66

30 고스톱이 치매 예방?   68

31 노인 인구 1000만 시대   70

32 행복한 사람은 얻은 것만
   계산한다   72

33 건강하고 행복하게
   만드는 것은?   74

34 100프로 행복을 위한
   십계명   76

35 몸이 건강해야
   삶이 행복하다   78

36 100세 준비 7원칙   80

37 노인들의 삶   83

38 유단취장(有短取長)   86

39 리츄얼(ritual)로
   삶을 충만하게   88

40 공자(孔子)가 절대로
   하지 않는 4가지   92

41 설니홍조   94

42 허목의 도량과
   송시열의 담대함   96

43 관상(觀相)과 심상(心相) 98

44 인생삼락(人生三樂)   101

45 오형오락(五刑 五樂)   104

46 장무상망(長毋相忘)   106

47 현대 사회에서의
   효(孝)의 의미   107

48 실천적인 효(孝)   109

49 당당한 골드 노년의
   인생을 꾸민다   111

50 노년기에
   매력 자본을 지닌다   112

51 3평   115

52 묘비명(墓碑銘)   116

53 가족을 튼튼하고
   행복하게 만드는 비결   120

54 지혜로운
   웰빙(wellbeing)   123

55 공수래공수거 인생
   (空手來空手去 人生)   128

56 솔로몬 왕(King Solomon)의

　　술회　　　　　　　129

57 인향만리(人香萬里)　　131

58 돈의 철학　　　　　133

59 좋은 이웃　　　　　135

60 물극필반(物極必反)　136

61 노인지도자의 자세　138

62 노후를 망치는

　　6가지 착각　　　　139

63 공자(孔子)의 인간관　141

참고 문헌　　　　　143

1. 행복한 결혼 생활을 위한 원칙

행복한 결혼생활은 깊은 우정(friendship)에 바탕을 둔다. 부부가 점점 더 서로를 이해하고 유대감을 가짐에 따라, 그들은 '건전한 관계의 집'을 구축한다.

* 행복한 결혼을 위한 6원칙

① 애정지도(love map)를 상세히 그려라.

부부는 '상세한 애정지도(love map)'를 가지고 서로 적극적으로 배려하고 격려해 나가는 쌍방 관계임을 명심한다. 애정지도는 배우자의 인생과 관련된 정보를 머릿속에 그려 놓은 지도이다. 배우자에 대한 애정이 강하면 강할수록 도면이 정확하고 상세하게 그려진다.

② 배우자를 배려하고 존중하는 마음을 길러라.

배려와 존중의 마음은 두 사람의 로맨스를 꽃피울 뿐 아니라, 그 꽃이 언제까지나 지지 않도록 하는 가장 귀중한 요소이다.

③ 서로에게서 달아나는 대신 서로를 향해 가라.

서로를 향해 있는 부부들은 상호 신뢰를 구축하고 있다.

④ 배우자가 당신을 변화시키는 것을 두려워 마라.

결정권을 아내와 함께 갖는 데에 거부감을 느끼지 않는 부부가 오랫동안 행복하고 안정된 결혼생활을 한다.

⑤ 해결 가능한 문제를 두 사람이 해결하라.

부부간의 온화한 대화는 고함을 치거나 침묵을 지키는 것보다 훨씬 효과적이다.

⑥ 공유할 수 있는 인생의 의미를 발견하라.

부부는 본질적으로 저마다 특유의 소문화(microculture)를 만들어 낸다. 부부가 공유하는 인생의 의미 가운데 네 가지 중요한 핵심(의식, 역할, 목표, 가치관)이 있다.

결혼 생활을 개선시켜 나가는 것은 부부가 함께 떠나는 긴 여행과 같다. 그러므로 긴 여행을 떠나듯이 매일 한 걸음씩 개선의 길을 걸어 나가도록 한다.

배우자에게 "미안해요."라고 사과의 말을 건네는 것은 배우자에게 줄 수 있는 큰 선물이다. 부부 관계를 감사와 칭찬으로 가득 채울수록 두 사람의 마음은 따뜻해질 것이고 결혼 생활은 더욱 더 깊은 의미가 채워질 것이다.

2. 노년기의 아름다운 부부 관계

노년기 부부 생활은 세월이 가면서 점차 낡고 귀퉁이가 헐어 가는 집을 하나씩 수리하듯이 고치고 또 고쳐 나가는 것이다. 노년기 부부는 다섯 가지 나이가 있다. 달력 나이, 세포 나이(건강 나이), 관계 나이, 정서 나이(정신적 나이), 영혼 나이가 있다. 이런 다섯 가지가 서로 균형과 조화의 상승 작용으로, 아름답고 성공적이고 생산적인 건강한 노년기 부부 관계를 만들어 가야 한다. 특히, 노년기 부부는 축구 경기로 하면 전반전과 후반전을 지나 연장전이 계속 진행되고 있다. 이제 결승 골을 넣어야 할 때이다.

금슬(琴瑟)은 거문고의 금과 비파의 슬에서 왔다. 거문고와 비파가 조화롭게 연주되면 아름다운 화음이 나오는 것처럼, 그렇게 알콩달콩 하게 사는 부부를 우리는 "금슬이 좋다."라고 한다. 부부 생활은 함께 호흡을 맞춰 추는 우아한 춤이다. 부부 행복을 누리려고만 하지 말고 행복을 만들도록 노력하여야 한다.

부부 유형에는 다섯 가지가 있다. '적 부부', '소 닭 부부', '친구 부부', '연인 부부', '간병인 부부'이다. 부부가 같이하면 혼자 할 때보다 훨씬 행복하고 성공적인 인생을 살 수 있다. 부부가 소풍을 마칠 때 배우자에게 베풀지 못한 것, 참지 못한 것에 대한, 좀 더 행복하게 살지 못한 것에 대해 후회를 해선 안 된다. 부부는 경쟁자도 종속적 관계도 아닌 서로의 단점을 보완해 주는 우애적 쌍방 관계이며 인생의 행복의 동행자로 서로 인정해 주고 배려해 주는 언제나 친구처럼, 연인처럼, 간병인처럼 아름답고 헌신적인 부부 관계를 가져야 한다.

3. 부부 해로의 특효약 '맞장구'

기네스 기록 중에는 세계에서 오래 장수한 부부로 영국의 '플로렌사'와 '퍼티' 부부가 두 번째 기록자로 인정되어 등록 되어 있다. 당시 두 사람은 결혼 81주년을 맞이했고 부부 나이를 합산하면 205살이 되었다. 무려 81년 동안이나 어떻게 행복한 결혼 생활을 유지할 수가 있었을까?

 * 이들 부부가 들려준 비결 3가지

① 건강하게 오래 살았기 때문이었는데, 부부는 점심과 저녁 식사 후에 30분씩 걸었고 항상 웃으면서 지냈다고 한다.

② 두 사람은 다툰 채로 잠자리에 들지 않았다고 한다. 사람이기 때문에 갈등이 없을 수가 없겠지만 다툰 날에는 곧장 "미안해."라고 하면서 서로의 마음을 풀었다.

③ 많은 사람들이 무릎을 쳤다고 하는데 그건 바로 "예스, 디어(yes, dear)."라는 두 단어로 된 말이다. 우리말로 하면 "그래, 맞아!" 정도의 말인데, 쉽게 얘기하면 맞장구였다. 맞장구는 공감이고, 공감은 찬성이면서도 한편으론 상대를 배려하는 성숙한 마음

으로 단련시킨 습관이다.

"그래, 네 말이 맞아.", "당신 말이 맞아요."

좋은 부부나 좋은 연인이 되기 위해서나 또한 주변 사람들과도 늘 조화로운 관계를 꾸려 나가기 위해서는 이런 공감의 말과 습관이 절대 필요한 것이고 이것이 곧 서로 간에 관계를 돈독히 하는 데 큰 도움이 된다.

4. 아내가 행복해야 인생이 행복하다

아내가 행복해야 인생이 행복하다. '아내'를 국어사전에서는 혼인하여 남자와 짝이 된 여자라고 정의한다. '아내'란 참으로 고귀하고, 소중하며, 가장 아름다운 이름이다. '아내'라는 이름은 생각할수록 소중한 사람이라 아니할 수 없다.

핸드릭스(Handrix) 박사는 "Happy wife, happy life."라는 표현을 썼다. "아내가 행복해야만 인생이 행복하다."라는 것이다.

아내가 행복해야 삶이 행복하고 남편이 편하다. 남편의 운명은 아내의 손에 달려 있다. 특히 나이 들어가면서 이러한 현실은 두드러진다. 70 · 80대를 넘겨 해로하면서 아내가 해 주는 밥을 먹을 수 있다면 최고의 행복이라 할 수 있다.

한편 '칸트(Immanuel Kant, 1724~1804)'는 "남편 된 사람은 아내의 행복이 자신의 전부라는 것을 행동으로 보여 주어야 한다."라고 말했다.

또 '베이컨(Francis Bacon, 1561~1626)'은 "아내는 젊은이에게는 연인이고, 중년 남자에게는 반려자이고, 늙은이에게는 간호사다."라고 했다. 아내를 칭송하는 아름다운 말들이 많다. 영국 속담에 이르기를 "좋은 아내를 갖는 것은 제2의 어머니를 갖는 것과 같다. 좋은 아내는 남편이 탄 배의 돛이 되어 그 남편을 항해시킨다."
라고 했다. 이 세상에 아내라는 말처럼 정답고 마음이 놓이고 아
늑하고 편안한 이름이 또 있을까요? 우리가 흔히 아내를 이르기를
'내가 한 살 더 먹으면 같이 한 살 더 먹으며 옆에서 걷고 있는 사
람, 아침에 헤어지면 언제 다시 만날까 걱정 안 해도 되는 사람, 집
안일 반쯤 눈감고 내버려 둬도 혼자서 다 해 놓는 사람, 너무 흔해
서 고마움을 모르는 물처럼 매일 그 사랑을 마시면서도 당연하게
여기는 사람, 가파르고 위태로운 정점이 아니라 잔잔하게 펼쳐진
들녘 같은 사람, 티격태격 싸우고 토라졌다가도 다시 누그러져 나
란히 누워 자는 사람'이라 했다.

별들이 밤하늘에 나란히 빛나듯 이 땅 위에 나란히 곁에서 나이
를 먹어 가는 사람이다. 내가 살아가는 모든 것이 말없이 곁에서
지켜 주는 아내 덕분이다. 고마운 사람, 참 고마운 사람, 아내라는
이름이다. 부부가 마음이 안 맞거나 마음을 상하게 하는 일이 생기
더라도 그리고 가끔씩 잔소리하고 이따금 화를 내서 마음에 상처
를 주고받더라도 남편과 아내가 서로 옆에 있어 준다면 그것만이
라도 그 가정은 행복한 가정 그 자체이다. 아름다운 인생의 동반자
가 되기 위해서는 누가 먼저가 아닌 서로 서로 먼저 "당신이 옆에
있어 주어 정말 행복하다."라는 이 말을 자주 해야만 한다.

5. 노년을 멋있게 만드는 열쇠

서양 속담에 "음식이 너를 만든다(Food makes you)."는 말이 있다. 그러니 아무 음식이나 함부로 먹을 게 아니다. 인도 사람들은 인생을 3기로 나눠서 설계한다. 세상에 태어나서 부모로부터 많은 은혜를 입으며 사는 25년, 그리고 부모와 사회에 은혜를 갚고, 자녀를 낳아 은혜를 베풀며 사는 25년, 그리고 자신이 하고 싶은 일을 하면서 사는 나머지 25년이다. 우리 인생 제3기 '25년'을 아름답게 만들어 줄 열쇠 두 개를 살펴본다.

첫 번째 열쇠는 '감사'이다. 감사는 긍정적 사고의 극치라고 할수 있다. 하루에도 수백 가지의 감사한 일들이 가득하지만, 그걸잘 기억하지 못하고 산다. 매일 그날 고마웠던 3~5가지 정도를 '감사 일기장'에 적어 본다. 감사 일기를 쓰는 우리 삶 속에 가득한 감사의 사건을 찾아내는 긍정의 눈을 키워 준다. 처음에는 눈에 보이는 고마운 일들을 쓰게 되지만, 갈수록 눈에 보이지 않는 고마운 일들도 발견할 수 있다. 그런데 감사를 막는 걸림돌이 몇 개 있다. 다른 사람과 자신을 비교하는 버릇 이다. 남과 나를 비교하지 말고, 어제의 나와 오늘의 나를 비교해야 한다. 지난 일에 대해 부정하는 "~할 걸……."이라는 후회도 감사를 막는다. 미래에 대한 걱정과 근심도 감사를 막는다. 분에 넘치는 욕심도 불만을 만든다.

두 번째 열쇠는 '봉사'이다. 하루에 한 가지만이라도 누군가를 위해 봉사하고, 매일 잠자리에 들기 전에 그것을 일기에 적는다. 매일매일이 행복해질 것이다. 날마다 고마운 일을 찾아 기억하고 그것을 누군가에게 갚아 나가는 삶처럼 아름다운 일은 없다. 내가 입은 고마운 일, 내가 누군가에게 베푼 고마운 일의 제목을 감사 일기장에 적어 본다. 장년기를 살아가는 인생만이 누릴 수 있는 기쁨이고 멋이다.

6. 노년기 부부의 잔소리

사실 늙어 가면서도 부부 생활은 매우 조건적이다 . 평생 영혼을 같이하는 룸메이트로 살아가지만, 그런 합의가 깨지기 쉬운 것이 부부 관계다.

노년기에도 부부 두 사람 간에 사랑이 충만하면 천국은 내 안에 있는 것이지만 때때로 상처와 아픔과 분노가 생겨날 수 있다.

뿐만 아니라 남편들은 대개 자신과 가정을 돌아보는 데 익숙하지 않다. 아내들은 기본적으로 배우자, 자녀, 부모, 이웃, 친구들 관계를 돌보는 데 남편들보다 우월하다.

아내들의 DNA가 그렇게 짜여져 있어 부부 생활에서 잔소리가 많아진다.

잔소리보다는 서로 돕고 지원할 때 가정 내 갈등을 해소할 수 있다. 배우자, 가족, 친구들의 지원과 간섭이 삶의 방향과 행동을 바꿀 수 있다.

잔소리는 배우자의 태도와 믿음에 따라 좋은 삶을 만들어 갈 수 있고, 아니면 나쁜 길로 갈 수도 있다.

사랑 없는 바가지 긁는 식의 잔소리는 결코 긍정적이며 생산적인 행동으로 바꿀 수 없다.

그러므로 부부간의 잔소리에 따른 문제 해결은 쉽지 않겠지만, 다음 내용을 지켜 보자.

① 서로의 차이를 존중한다. 갈등과 싸움은 성격 차이에서 온다. 이 세상에 같은 사람은 없다는 사실을 잊지 말아야 한다.

② 드러나는 차이를 존중하는 제도를 만들어야 한다. 같이 즐기고 노는 시간, 공간을 만들어 차이를 극복한다.

③ 공통 이익을 함께하며 가정을 경영한다는 생각을 한다.

④ 카페테라스에 앉아 차 한 잔의 여유를 가지며 술술 갈등을 해소하고 사랑을 확인해 나간다.

결국 고래 심줄 같은 마음으로 인내하며 받아들이는 용기가 필요하다. 내 마음을 내 마음대로 다스리는 연습도 필요한 것이 이 시대를 살아가는 노년기 부부 생활의 지혜이다.

7. 100세 시대의 축복과 재앙 사이

"더 이상 살아야 할 이유가 없을 때 인간은 비로소 죽는다."라는 데이비드 구달(David William Goodall, 1914~2018) 박사가 104세의 나이로 안락사, 세상을 떠났다. 그는 영국 태생, 호주의 식물학자이며 생태학자이다.

'스스로 선택한 죽음'이 화제가 됐다. 그는 안락사를 금지하는 호주를 떠나 안락사가 허용되는 스위스로 가서 가족들이 지켜보는 가운데 '고통 없이 죽을 수 있는 약'이라 불리는 넴뷰탈 정맥주사 밸브를 직접 열었다. 20년 전 고령이라는 이유로 운전면허가 취소된 삶에서 여행이 박탈된 순간 더 살아야 할 이유마저 잃은 것이다. 그는 사회와 질병이 더 간섭하기 전에 스스로 죽음을 택했다.

내가 나를 어찌할 수 없게 되기 전에, 육체가 나를 배반하여 내가 나를 움직일 수 없게 되기 전에 삶을 끝냈다. 죽음의 순간 베토벤의 〈환희의 송가(교향곡 9장)〉가 울려 퍼졌다. 인간의 굴종을 즐기는 오만한 죽음에 통곡과 음울한 장송곡 대신 환희의 송가라니! 이길 수 없는 죽음을 이기는 법. 이 역설적 가능성을 구달 박사에게서 보았다. 죽음이 인간을 무릎 꿇려 데려가기 전에 인간이 먼저 죽음을 향해 당당하게 걸어간 것이다. 죽음의 외적 현상일 뿐인

부재와 소멸에 겁먹지 않는 의연함이 없으면 못 할 일이다. 무의미한 연명치료로 호흡만 겨우 유지하는 억지 장수까지 평균 수명에 포함시킨 100세 시대는 축복이 아니라 재앙이다. 우리 인생만 해도 죽음이라는 바윗돌을 등에 짊어지느라 불안하고 초조한데 사회마저 죽음으로 인한 피로도가 높다. 연명치료에 들어가는 의료비와 인력은 물론이고 과도 한 장례 비용과 절차, 묘역이나 납골당 등 시설에 소비되는 제반까지 다 죽음을 지나치게 두려워하고 또 무겁게 여기는 풍조 때문이다. 죽음의 공포와 엄숙함에서 조금 벗어날 필요가 있다. 자꾸 외면하고 격리시킬 것이 아니라 삶 안으로 불러들여 친해져야 한다.

8. 천수(天壽)를 누리려면

사람이 살아가는 방법은 각양각색이이다. 공통의 관심사는 사는 날까지, 사지 멀쩡하고, 중풍 들지 아니하고, 자식들에게 짐짝 신세 되지 않고, 천수(天壽)를 누리다가 자는 듯이 편안하고 안락하게 가는 것이다.

① 1830을 실천하라.
하루에 여덟 번 30초 이상 손을 씻는다. 많은 병(약 65%)의 대부분이 손을 통하여 옮겨진다는 사실을 명심한다면, 손 씻기에 주저하지 마라.

② 1530을 실천하라.
일주일에 다섯 번 최소한 삼십 분 이상 걷는다. "걸으면 살고 누우면 죽는다."라는 말과 같이 평소 일정하게 지속적인 행보는 인삼 보약보다 낫다는 사실을 명심한다면 걷기에 인색하지 않으리라.

③ '아 · 이 · 우 · 에 · 오'를 하루에 세 번 길게 크게 반복하라.
사람의 몸에는 650개의 근육이 있다고 하는데, '아 · 이 · 우 ·

에 · 오'를 함으로써 최소한 250개 근육이 운동을 했다면 적은 힘으로 큰 덕이 나니 틈틈이 하라.

④ 야채와 제철에 나는 과일을 많이 섭취하라.

고기를 즐겨 먹는 것도 독이지만, 야채만 섭취하는 것도 문제이니 편식하지 말고 골고루 섭취함이 좋은 식사법이다. 과일은 속성 재배보다는 제철에 잘 익은 것이 보약이요, 천식(天食)이다.

⑤ 하루 종일 좋은 생각, 긍정적인 마음으로 가슴을 열라.

'나는 오늘 건강하다.', '나는 오늘 멋있다.', '나는 오늘 기분이 좋다.'라고 최상의 자기 최면을 걸면, 세포도 왕성한 활동을 하여 생각대로 이루어진다.

⑥ 하루에 한 가지 착한 일을 행하라.

'착한 일'이란… 타인, 타 생명, 대자연을 안온하고 편안하게 해주는 일이다. 그리하면… 맑은 피가 생성되고 얼굴에 화색이 돌며, 눈매가 고와지고, 고급 향수보다 더 좋은 향기가 몸에서 나므로 주위에 사람들이 모여 든다.

⑦ 단시백(單十百)을 가져라.

단은 하나를 뜻함이니 존경하는 인생의 스승 한 분을 모심이요,

시는 열을 뜻하니 진정한 벗 열 명을 만들라는 것이요, 백은 일 백을 이름이니 앞으로 100권의 책을 읽어 내 마음의 양식을 삼으라. 지속적인 연습이 대가를 만들 듯 건강도 건강할 때 지속적으로 꾸준하게 지키려는 노력을 기울여야 한다.

오늘 거울 앞에 서서 자기를 향해 웃어 보라. 그 미소가 자연스럽고 아름다우면 당신은 잘 살고 있는 것이다.

9. 인생은 서로 고마워 산다

언제나 연애 시절이나 신혼 때와 같은 달콤함만을 바라고 있는 남녀에게 우리 속담은 "첫사랑 삼 년은 개도 산다."고 충고하고 있다. 사람의 사랑이 개의 사랑과 달라지는 것은 결국 삼년이 지나고부터인데 우리의 속담은 기나긴 자기 수행과 같은 그 과정을 절묘하게 표현한다.

열 살줄은 멋모르고 살고,

스무 줄은 아기자기하게 살고,

서른 줄은 눈코 뜰 새 없이 살고,

마흔 줄은 서로 못 버려서 살고,

쉰 줄은 서로가 가여워서 살고,

예순 줄은 서로 고마워서 살고,

일흔 줄은 등 긁어 주는 맛에 산다.

이렇게 철모르는 시절부터 남녀가 맺어져 살아가는 인생길 을 명확하고 실감나게 표현하고 있다. 자식 기르느라 정신없다가 사십에 들어서 지지고 볶으며 지내며 소 닭 보듯이, 닭 소 보듯이 지나쳐 버리기 일쑤이고, 서로가 원수 같은데 어느 날 머리칼이 희끗해진 걸 보니 불현듯 가여워진다. 그리고 서로 굽은 등을 내보일 때쯤

이면 철없고 무심했던 지난날을 용케 견디어 준 서로가 눈물 나게 고마워진다. 이젠 지상에 머물 날도 얼마 남지 않았는데 쭈글쭈글해진 살을 서로 긁어 주고 있노라니 팽팽했던 피부로도 알 수 없었던 남녀의 사랑이기보다 평화로운 슬픔이랄까, 자비심이랄까? 그런 것들에 가슴이 뭉클해지고 인생의 무상함을 새삼 느끼게 한다.

10. 오계(五計)와 오멸(五滅)

중국 송(宋)나라 때 주신중(朱新仲)이라는 학자가 인생 오계론을 주장했다. 인간이 한평생 살아가면서 다섯 가지의 계획을 올바로 세워야 한다는 얘기이다.

① 생계(生計)

'나는 무슨 일을 하고 어떻게 먹고 살아야 하는가?' 하는 계획으로서 직업에 관한 계획과 준비이다.

② 신계(身計)

건강을 위한 관리와 계획이다. 내가 내 몸을 어떻게 관리해야 할까? 몸과 마음을 강건하게 하는 방법을 찾는 계획을 하는 것이다.

③ 가계(家計)

가정을 어떻게 꾸려 나갈 것인가? 경제적인 문제만이 아니라 사람과의 신뢰와 정신적인 안정도 중요하다. 그리고 부부 관계, 부모 자식 관계, 형제 관계를 잘 맺어야 한다고 했다.

④ 노계(老計)

이것은 노후 관리라고 할 수 있다. 내가 나이가 들어서 무엇을 하다가 갈 것인가? 어떻게 건강관리를 하고 어떻게 경제생활을 하며 자식과 사회에 부담이 되지 않을까 하는 계획이다.

⑤ 사계(死計)

마지막으로 사람은 죽음 이후에 대하여 분명하고 바른 계획이 있어야 한다고 했다.

* 오멸(五滅)

주신중(朱新仲)의 인생 오계론(五計論)이 우리나라에 영향을 주면서 조선 중기에 전통 선비층을 중심으로 어떻게 해야 죽음을 두려워하지 않고 편안한 마음으로 맞을 수 있느냐는 사계(死計)문화가 번져 있었으며. 이 유행으로 나타난 것이 이른바 '오멸(五滅)'이라는 노후 철학이었다.

① 멸재(滅財)

재물과 헤어지는 일이다. 살아서 마련한 재산에 미련을 두고서는 편하게 눈을 감을 수가 없다. 재물에 대한 미련을 버리는 일이 멸재이다.

② 멸원(滅怨)

남과 맺은 원한을 없애는 일이다. 살아서 겪었던 남과의 불미스러운 관계를 씻어내야 마음 편하게 눈을 감을 수 있다. 남과의 다툼이 있었다면 그 다툼에서 비롯된 원한을 씻어내는 일이 멸원이다.

③ 멸채(滅債)

남에게 진 빚을 갚는 일이다. 빚이란 꼭 돈을 꾸어 쓴 것뿐 아니라 정신적으로 큰 도움을 받았다면 그것도 빚이다. 살아 있을 때 남에게 받았던 도움을 깔끔하게 갚는 일이 멸채이다.

④ 멸정(滅情)

정든 사람, 정든 물건과의 작별하는 일이다. 아무리 정들어도 함께 갈 수가 없고 가지고 갈 수가 없기 때문이다. 정든 사람, 정든 물건과 작별하는 일이 멸정이다.

⑤ 멸망(滅亡)

죽는 것이 끝이 아니라 죽음 너머에 새로운 세계가 있음을 알아야 한다. 죽음이 끝이 아니라는 신념이 멸망이다.

11. 추한 노인의 3가지

① 냄새가 나는 노인이다.

입을 열면 구취(口臭), 몸에서 나는 체취(體臭), 옷에서 나는 의취(衣臭) 등이 노인의 악취(惡臭)이다. 이는 나이 들수록 자기 몸 관리의 태만에서 야기된다.

② 잘난 체하는 노인이다.

모임에 가면 거의 70~80% 이야기를 독점하는 노인이다. 늙을수록 함구개이(緘口開耳)란 말이 있다. 입은 닫고, 귀는 열어라는 말이다. 그러지 못하고 자기 잘난 맛에 사는 노인을 [칠푼이]라고 한다.

③ 자랑을 잘하는 노인이다.

옛날 자기 지위, 재산, 자식 자랑, 고위층과의 친분 등을 서슴없이 또는 은연중에라도 자랑하는 노인이다. 이런 노인을 '팔푼이'라고 한다.

12. 멋진 노인의 3가지

① 나누고 베푸는 노인이다.

소액일지라도 남을 위해 돈을 자주 쓸 줄 아는 노인이다.

② 친절하고 배려하는 노인이다.

점잖으며 친절하고 남을 먼저 배려하는 노인이다.

③ 건강하고 깔끔한 노인이다.

자기 관리를 잘하고 멋을 낼 줄 아는 노인이다. 노인들은 나이 들수록 나태해지기 쉽다. 될수록 많이 걷고 움직이면서, 언행을 무겁게 하고 자기 관리에 힘써야 한다.

13. 유산이 독일 수 있다?

일본 쓰레기장에서 주인 없는 돈이 쏟아지고 있다.

2022년 4월 군마현의 한 쓰레기 처리 회사는 혼자 살다가 죽은 노인의 집에서 나온 쓰레기 더미에서 검은 봉지에 담긴 현금 4억 원을 발견했다. 버려진 유품 속에 섞여 나온 돈이 2022년에 만약 1,900억 원에 달할 정도라고 하니, 외롭고 궁핍한 생활을 하면서도 죽음 직전까지 돈을 생명줄처럼 움켜쥐고 있던 노년의 강박감을 말해 준다. 돈은 써야 내 돈이다. 내가 벌어놓은 돈이라고 할지라도 내가 쓰지 않으면 내 돈이 아니라 남의 돈일 수밖에 없다. 노인들이 돈에 집착하는 이유는 자식이나 사회로부터 버림받았을 때 최후에 의지할 곳은 돈밖에 없다는 생각에서 나오지만, 사실 그 정도로 비참한 경우를 당하게 되면 설령 돈이 있더라도 별 뾰족한 수가 없다. 내가 죽으면 돈도 소용없고, 자식에게 상속한다고 자식이 행복해지지도 않는다.

국내 재벌치고 상속에 관한 분쟁이 없는 가문이 거의 없었다. 재벌뿐 아니라 평범한 가정에서도 재산 상속을 놓고 가족 간에 전쟁을 벌이다시피 한다. 전부. 원수로 지낸다. 남기는 건 재산인데 남는 건 형제자매 간의 원수 관계다. 유산을 놓고 싸움질하는 자식보다 재산을 물려주고 떠나는 부모의 책임이 더 크다. 싸울 수밖에 없는 구조를 만들어 놓고, 세상을 떠났다고 해도 과언이 아니다. 내 자식이나 형제는 다른 사람들과 다르다는 생각은 엄청난 착각이다. 자식들에게 돈을 남겨 주고 떠나지 말고 장의사에게 지불할 돈만 남겨 두고 다 쓰라는 말을 깊이 새겨들어야 한다. 인생은 단한 번뿐이다. 그리고, 내 인생은 나의 것이다. 하늘이 준 물질적인 축복을 마음껏 누리고, 마지막엔 탈탈 털고 빈손으로 세상을 떠나는 게 순리다.

14. 불치하문(不恥下問)

    불치하문! "아랫사람에게 묻는 것을 부끄러워하지 말라!"

  『논어』에서 유래한 유명한 4자성어다. 중국이나 한국에는 예로부터 훌륭한 인물의 사후에 나라에서 별호를 하사하는 제도가 있었다. 그런 별호를 시호(謚號)라고 한다.

    이순신(1545~1598) 장군의 충성과 무공을 기려 내린 '충무공(忠武公)', 문(文)을 이룬(成) 업적을 기려 율곡(1536~1584) 선생께 내린 '문성공(文成公)' 등이 바로 시호이다.

    위나라 대부 공어(孔圉)를 기려 '문(文)' 자가 든 시호가 내려지자, 자공이 공자에게 "어찌하여 '文' 자를 넣어 시호하였습니까?" 하고 물었다. 이에, 공자는 "공어는 명민(明敏)하면서도 배우기를 좋아하고 아랫사람에게 묻기를 부끄러워하지 않았기 때문."이라고 답했다.

15. 노인의 자세

어느 조찬 모임에서 연세가 많은 분이 퀴즈를 냈다. "우리 나이가 어떤 나이냐?"는 것이다. 느닷없는 질문이어서, 그냥 무슨 말이 이어질지 기다리고 있었더니 '미움 받을 나이'라 했다. 생각해 보니 의미가 큰 화두였다. 배우자, 자식, 이웃 친구에게 미움 받지 않고 살려고 애써야 된다는 뜻이다. 노인 세대에게는 실용적인 지침이 되어야 한다.

① 노년은 그동안 모은 돈을 즐겨 쓰는 시기이다. 돈을 축적하거나 신규 투자하는 시기가 절대로 아니다. 자식들에게 휘둘리지 말고 평화롭고 조용한 삶을 찾아야 한다.

② 자손들의 재정 상태는 그들의 문제이다. 부모가 개의치 않는다. 지금까지 키우고 돌봐 준 것으로 할 일은 다 한 것이다.

③ 건강 관리에 최선을 다 한다. 건강이 최고다. 건강하게 사는 게 점점 어려워지는 나이니 건강을 지키는 걸 최우선으로 한다.

④ 나이에 개의치 말고 사랑으로 넘치는 생활을 한다. 특히 반려자를 위해서는 언제나 최상의 가장 아름다운 고급품을 구입한다.

⑤ 사소한 일에 Stress를 받지 않는다. 과거의 나쁜 기억은 잊고

좋은 일만을 생각한다. 현재가 중요하다.

⑥ 내적, 외적인 몸치장을 철저하게 잘하고 자신 만만하게, 당당하게 산다. 몸과 마음을 잘 가꾸는 데 신경 써라.

⑦ 어울리지도 않는 유행을 따르려 하지 말고 자신의 나이에 걸맞는 fashion을 추구한다.

⑧ 항시 최신의 시대 흐름에 뒤지지 말아야 한다. 이메일이나 SNS를 멀리 하지 말고 항상 세상 뉴스를 듣고, 보고 애기한다.

⑨ 젊은 세대를 존중하고 그들의 견해를 존중한다. 조언하되 비평을 삼간다. 미래를 열 사람은 젊은이들이다.

⑩ '옛날 그 시절에'라는 과거적인 표현을 절대 사용하지 않는다. 당신도 이 시대를 사는 사람이다.

⑪ 긍정적인 사람들, 명랑한 사람들과 어울려라. 쓰고 힘든 날들을 애기하는 사람들과 어울리기에는 인생은 너무 짧다.

⑫ 가족들과 자주 어울려 살되 혼자 살 재력이 있다면 자손들과 함께 살려는 유혹에 빠지지 말아야 한다.

⑬ 자신의 취미를 살려서 활용한다. 취미가 없다면 더 늦기 전에 새로운 취미를 만들어야 한다.

⑭ 모임, 회식, 결혼식 초대에 적극 참여한다. 그렇다고 초대를 못 받는다고 화내지 말아야 한다. 중요한 건 집 밖을 나서서 세상살이를 몸으로 접하는 것이다.

⑮ 말은 적게 하고, 남의 말을 잘 경청하는 사람이 된다. 듣지 않

고 자기 얘기만 떠들어 대면 주위 사람들이 떠난다. 불평, 불만, 비판의 말이 아니라 남이 듣기 좋은 대화의 소재를 찾아야 한다.

⑯ 노쇠에 따르는 불편함과 고통을, 고통으로 생각지 말고 당연한 것으로 자연스럽게 수용한다. 늙는 건 당신 잘못이 아니라 세월 탓이다.

⑰ 타인의 잘못에는 관대하게 용서하고, 자신의 실수에는 빨리 사과한다. 남의 옳고 그름을 따지면 따질수록 당신의 마음이 먼저 불편해지고 옹졸해진다.

⑱ 자신의 신앙적 신념을 남에게 강요하지 않는다. 남에게 자신의 가치를 설교하거나 설교하려 하지 말고 자신의 신념에 따라 살면서 모범을 보인다.

⑲ 웃어라~. 많이 웃어라~~. 모든 것에 웃어라~. 살면서 유머를 잃지 말아야 한다.

⑳ 타인이 나에 대해 한 말이나 나를 어떻게 생각할 것인지에 신경 쓰지 마라. 휴식하며 평화롭고 행복한 시간을 가질 때이다.

16. 100세 삶을 즐겨라

'인생백세고래희(人生百世古來稀)'가 정답이 된 초고령화 시대가 되었다. 60대는 노인 후보생으로 워밍업 단계요, 70대는 초로(初老)에 입문하고, 80대는 중노인(中老人)을 거쳐, 망백 (望百)의 황혼길 어둠 속으로 사라지는 인생, 장수가 좋기는 하나,

① 아족부행(我足不行)(내 발로 못 가고)
② 아수부식(我手不食)(내 손으로 못 먹고)
③ 아구부언(我口不言)(내 입으로 말을 못 하고)
④ 아이부청(我耳不聽)(내 귀로 못 듣고)
⑤ 아목부시(我目不視)(내 눈으로 못 본다)

이렇다면 살아도 사는 게 아니다. 그래서 첫째도 건강, 둘째도 건강, 건강이 최고의 가치이다. 노인으로써 언제 어디서나 큰 소리 치고 사는 100세 시대의 노인 처세법의 처음과 끝은 딱 하나! 그것은 바로 첫째도 "내가 쏜다!" 둘째도 "내가 쏜다!"이란다. 언제 어디서나, 누구에게나 술 한잔, 밥 한 끼쯤 베풀 줄 아는 여유가 있어야 하며, 대접 받기보다는 한 턱 쏘는 즐거움이 있지 않던가? 결코

젊은 날로 돌아갈 수는 없고, 다시 한번 더 살아 볼 수도 없고, 한 번 살다 끝나면 영원히 끝나는 일회용 인생인데, 지금 이 순간 큰 소리 한 번 못 치면 언제쯤 해 보겠는가?

죽을 때 자식들에게 몇백만 원 덜 주면 될 것을, 나이가 들수록 "입은 닫고, 지갑은 열라!"는 말처럼, 이제부터라도 남은 여 생을 내일 점심은 "내가 쏜다."라고 큰소리 쳐도 되지 않겠는가?

17. 대만 최고의 베스트셀러 작가 '우뤄취안'

　'우뤄취안(吳若權 － 吳若权)'은 대만 최고 베스트셀러 작가이다. 그는 『우리는 그렇게 혼자가 된다』라는 책의 저자다. 대만에서 '미래의 노후'라는 주제로, 영화가 제작되어 많은 관객의 공감을 샀다.

　영화 속 줄거리는 산속에서 혼자 사는 노인에 대한 이야기를 담고 있는데, 네 명의 자식들은 모두 장성해 교수가 되었거나 해외에 나가 장사를 하고 있고, 노인만 자식들이 모두 떠난 산골 집에서 혼자 살아간다. 그러던 어느 날, 아들과 손자가 멀리서 찾아온다는 소식에 그는 정성껏 맛있는 음식들을 준비한다. 하지만…, 곧이어 오지 못한다는 전화를 받게 되고, 준비했던 음식들은 주인을 잃고 만다. 이때, 창밖의 하늘마저 우중충해지고 노인은 친구를 불러 함께 식사할 계획을 세운다. 하지만, 누렇게 색이 바랜 낡은 수첩을 한참 동안 뒤적거려도 함께 식사할 만한 친구를 찾지 못한다. 마침내, 창밖에서는 비가 쏟아져 내리고, 결국 노인은, 부엌 식탁에 앉아 가득 차려진 음식을 홀로 먹게 된다. 마지막 장면 위로,

　"인생의 마지막 20년을 함께할 친구가 있습니까?"라는 자막이 흐른다.

　그가 쓴 시가 노년들에게 시사점이 많다.

유수불부회 행운난재심(流水不復回 行雲難再尋),

흐르는 물은 다시 돌아오지 않고, 떠도는 구름은 다시 볼 수 없네.

노인두상설 춘풍취불소(老人頭上雪 春風吹不消),

늙은이의 머리위에 내린 흰 눈은, 봄바람 불어와도 녹지를 않네.

춘진유귀일 노래무거시(春盡有歸日 老來無去時),

봄은 오고 가고 하건만, 늙음은 한 번 오면 갈 줄을 모르네.

춘래초자생 청춘유부주(春來草自生 靑春留不住),

봄이 오면 풀은 절로 나건만, 젊음은 붙들어도 달아나네.

화유중개일 인무갱소년(花有重開日 人無更少年),

꽃은 다시 필 날이 있어도, 사람은 다시 소년이 될 수 없네.

산색고금동 인심조석변(山色古今同 人心朝夕變),

산색은 예나 지금이나 변화지 않으나, 사람의 마음은 조석으로
변하네.

18. '스티브 잡스'가 병상에서 남긴 마지막 메시지

"Should be something that is more important."(돈 버는 일보다는 더 중요한 뭔가가 되어야 한다.)이다.

나는 사업에서 성공의 최정점에 도달했었다. 다른 사람들 눈에는 내 삶이 성공의 전형으로 보일 것이다. 그러나 나는 일을 떠나서는 기쁨이라고 거의 느끼지 못한다. 결과적으로, 부라는 것이 내게는 그저 익숙한 삶의 일부일 뿐이다. 지금 이 순간에, 병석에 누워 나의 지난 삶을 회상해 보면, 내가 그토록 자랑스럽게 여겼던 주위의 갈채와 막대한 부는 임박한 죽음 앞에서 그 빛을 잃었고 그 의미도 다 상실했다. 어두운 방 안에서 생명보조 장치에서 나오는 푸른 빛을 물끄러미 바라보며 낮게 웅웅거리는 그 기계 소리를 듣고 있노라면, 죽음의 사자의 숨길이 점점 가까이 다가오는 것을 느낀다. 이제야 깨닫는 것은 평생 배 굶지 않을 정도의 부만 축적되면 더 이상 돈 버는 일과 상관없는 다른 일에 관심을 가져야 한다는 사실이다. 그건 돈 버는 일보다는 더 중요한 뭔가가 되어야 한다. 그건 인간관계가 될 수 있고, 예술일 수도 있으며 어린 시절부터 가졌던 꿈일 수도 있다. 쉬지 않고 돈 버는 일에만 몰두하다 보면 결과적으로 비뚤어진 인간이 될 수밖에 없다. 바로 나같이 말이다. 부에 의해 조성된 환상과는 달리, 하느님은 우리가 사랑을 느낄 수 있도록 감성이란 것을 모두의 마음속에 넣어 주셨다. 평생에 내가 벌어들인 재산은 가져갈 도리가 없다. 내가 가져갈 수 있는 것이 있다면 오직 사랑으로 점철된 추억뿐이다. 그것이 진정한 부이며 그것은 우리를 따라오고, 동행하며, 우리가 나아갈 힘과 빛을 가져다줄 것이다. 사랑은 수천 마일 떨어져 있더라도 전할 수 있다.

삶에는 한계가 없다. 가고 싶은 곳이 있으면 가라. 오르고 싶은 높은 곳이 있으면 올라가 보라. 모든 것은 우리가 마음먹기에 달렸고, 우리의 결단 속에 있다. 어떤 것이 세상에서 가장 비싼 침대일까? 그건 '병석(病席)'이다. 우리는 운전수를 고용하여 우리 차를 운전하게 할 수도 있고, 직원을 고용하여 우릴 위해 돈을 벌게 할 수도 있지만, 고용을 하더라도 다른 사람에게 병을 대신 앓도록 시킬 수는 없다. 물질은 잃어버리더라도 되찾을 수 있지만, 절대 되찾을 수 없는 게 하나 있으니 바로 '삶'이다. 누구라도 수술실에 들어갈 즈음이면 진작 읽지 못해 후회하는 책 한 권이 있는데, 이름하여 '건강한 삶 지침서'이다. 현재 당신이 인생의 어느 시점에 이르렀는지 상관없이 때가 되면 누구나 인생이란 무대의 막이 내리는 날을 맞게 되어 있다.

19. 승자의 단어 '지금' 패자의 단어 '나중'

왜 굳은 결심들이 자꾸 뒤로 미뤄지는 것일까? 왜 거창하게 다 짐했던 신년 결심조차 막상 새해가 시작되면 슬그머니 없던 일이 돼 버릴까? 가장 큰 이유는 우리 마음속에 실천하지 않겠다는 강한 동기가 깔려 있기 때문이다. 결심을 뒤로 미루는 또 한 가지 중요한 이유는 똑같은 일도 지금보다 나중에 하는 것이 더 쉽게 느껴지기 때문이다. 식사 후 곧바로 설거지를 하는 것보다 나중에 하는 것이 더 쉽게 느껴진다. 지금 하면 잘 안 될 것 같은 공부도 저녁을 먹고 나면 왠지 더 잘될 것 같다. 이처럼 같은 일도 시간적 거리에 따라 실천의 용이성이 다르게 지각되는 현상을 심리학에서는 '시간 불일치(Time inconsistency) 현상'이라고 한다.

일본의 경영 컨설턴트 혼다겐은 부자들의 생활 습관을 연구하기 위해 일본 국세청 고액납세자 명단을 확보해 그중 백만장자 1만 2000명을 대상으로 설문조사를 했다.

그의 조사에서 밝혀진 부자들의 재미있는 특성 중 하나는 소득 수준이 높을수록 설문조사에 대한 응답 시간이 빨랐다는 것이다. 부자들이 더 한가해서 그럴까. 아니다. 그들은 어차피 할 일이라면 빨리 처리하는 것이 여러모로 유리하다는 사실을 체험을 통해 알고 있기 때문이다. 새로운 시작을 위한 완벽한 타이밍은 없다. 새해 첫날이 돼야 수호천사가 내려오는 것도 아니고 생일이 돼야 마법 같은 일이 일어나는 것도 아니다. 삶에서 가장 파괴적인 단어는 '나중'이고 인생에서 가장 생산적인 단어는 '지금'이다. 힘들고 불행하게 사는 사람들은 "내일 하겠다."고 말하는 반면에 성공하고 행복한 사람들은 '지금' 실천한다. 그러므로 '내일'과 '나중'은 패자들의 단어이고 '오늘'과 '지금'은 승자들의 단어다.

20. 꼰대들의 변

　젊은이들이 말하는 '꼰대'들의 특징의 순위가 변했다.

　1위는 굳이 하지 않아도 될 조언이나 충고하는 것,

　2위는 요즘 젊은 애들이라는 말을 자주 하는 것,

　3위는 옛날에 비해 나아졌다는 말을 종종 한다는 것이다.

　꼰대라고 하면 생각나는 이미지는 권위적, 고집이 세고, 참견하기를 좋아한다는 것이다. 꼰대 성향의 가늠 요소는 첫째, 말투, 둘째, 가치관, 셋째, 오지랖이라 한다. 정작 꼰대인 노인들은 꼰대라는 말을 듣기도 싫지만 선생님, 어르신의 호칭도 떨떠름하지만 노인으로 불리기도 싫다는 것이다. 사실 노인에 대한 마땅한 호칭이 별로 없다는 것이다.

　어느 지자체에서는 노인을 '선배 시민'이라고 조례로 공포했지만 그것도 그렇다. 그러면 노인이 아니면 후배 시민으로 불러야 하나?

　'청장년(靑壯年)'이라고 부르자 거나 '~씨' 자를 붙이자거나, 혹은 '시니어(senior)'로 바꾸자고 했더니 한글 단체의 거센 항의를 받았다는 것이다.

　영어권에서는 미스터(Mr) 하면 되는가 본데 수직적 호칭에 유난히 민감한 우리는 어중간한 처지에서 맴돌고 있다. 고령사회에서

65세 이상은 환영받지 못하는 존재다. 부담이 돼 버린 노인으로, 생산 기능 인구에서 탈락한 부양의 대상으로 인식되기 때문이다. 마치 계륵(鷄肋)처럼 말이다. 이 땅의 근대화 주역으로 고단한 삶을 살았던 주역들이 뒷방 노인으로 치부하기도 한다. 우리나라 65세 이상 노령 인구가 2025년에 1000만 명을 넘어선다. 국민 5명 중 1명이 노인이라는 것이다. 그러니 나라도 그들을 뒷방 노인으로 취급하기에는 경제적·정치적인 숙제인 셈이다.

일본에서는 60대를 실년(實年) 그 위는 고년(高年), 중국은 60대를 장년(壯年) 70대를 존년(尊年)이라 부른다.

영미권에서는 젊은(young)과 노인(old) 합성어인 '욜드(yold)라는 단어도 등장했다.

고대 로마의 철학자 키케로는 '노년에 맞서는 최고의 무기는 학문을 익히고 미덕을 실천하는 것'이라 했다. 이미 2000년 전에 "노인이 됐다고 은퇴할 생각을 말고 늘 새것을 배워 세상과 지혜를 나누라."고 했다.

갈수록 노인 인구가 증가하니 노인 혜택에 대한 반감도 늘어나고 연금충, 틀딱충 같은 혐오 표현도 늘어만 간다. 이젠 노인의 호칭 갈등은 단순한 문화적 차원의 문제에 그치는 것이 아니라 나라의 미래를 위해 경제·정치적으로 풀어야 할 숙제이다. 국제노년학회가 정한 초고령 사회 3대 목표는,

첫째는 아주 늙은 나이까지 돌아다니기,

둘째는 최후까지 사회와 섞여 지내기,

셋째는 살던 곳에서 끝까지 살다가 삶을 마감하기 등이다.

그리고 보면 노년에 주의할 것이 '3관(三關)'이다. 관절(關節), 관계(關係), 관심사(關心事)이다.

21. 건강하게 오래 사는 사람들의 특징

오래 살아도 앓는 기간이 길면 의미가 옅어진다. 요즘은 '건강 수명'이 더 중요하다. 몸이나 정신에 아무 탈이 없이 튼튼한 상태로 활동을 하며 산 기간을 말한다. 90대 중반을 넘어 건강 수명을 누리는 사람들이 크게 늘면서 그들의 생활 습관에 관심이 쏠리고 있다.

자연스럽게 스트레스 조절하며 건강 수명을 누리는 사람들의 두드러진 특징 중 하나가 낙천적인 성격이다. 일상의 문제를 낙관적으로 처리해 질병의 위험 원인인 스트레스를 덜 받는 특징이 있다. 질병관리청 자료에 따르면 적절한 스트레스는 집중력에 도움이 되지만, 만성적인 스트레스는 정신적-신체적 자원을 고갈시켜 '소진(exhaustion)'을 가져올 수 있다. 우울증, 심뇌 혈관 질환, 암 등 각종 질병 위험을 높인다. 이 가운데 노인 건강을 위협하는 최대 위험 요인이 바로 우울증이다. 스트레스에 반복적으로 노출되면 뇌의 신경 면역 반응이 교란되고, 뇌세포에 손상을 가져올 수 있다. 뇌세포 사이 신호를 주고받는 신경 전달 물질(세로토닌 등) 결핍이 우울증과 밀접한 관련이 있다. 우울증이 깊어지면 치매 위험을 높일 수 있다. 오래 살아도 치매에 걸리면 장수의 의미가 사라진다. 낙천적 성격은 타고나지만 살면서 바꿀 수 있다. 낙천적 기질은 대개 유전과 어릴 때 생활 환경으로 결정되는 경우가 많다. 일종의 장수 유전자인 셈이다. 그러나 삶을 낙관적 시선으로 보는 능력을 후천적으로 키울 수는 있다. 목표의 기대치를 현실적으로 조정하는 것이 필요하다. 실현 불가능한 목표를 세우고 아등바등하면 스트레스, 우울감만 높일 수 있다. 마음을 터놓을 수 있는 의논 상대가 있어야 하고 음악 감상, 숙면 등 나만의 스트레스 해소법이 필요하다.

소식이 일상이다. 적게 먹고 부지런히 움직인다. 나이 들면 식탐이 있어도 많이 먹지 못한다. 과식을 하면 종일 몸이 불편해 고생한다. 노화 현상으로 소화액, 췌장액 등 소화 관련 액체와 기능이 줄기 때문이다. 이런 상황에서 식탐을 이기지 못해 과식을 자주 하면 몸에 탈이 난다. 건강 수명인들은 편한 것을 배격한다. 오래 누워 있으면 오히려 몸이 불편해 집 안 가꾸기 등 신체 활동에 나선다. 평생 운동을 안 한 할머니가 오래 사는 이유는 일상에서 끊임없이 몸을 움직여 열량을 소모하고 몸의 기능을 활용하기 때문이다.

호기심을 유지한다. 90세 노인이 일기 쓰는 이유는? 치매 예방을 위해 일기를 쓰고, 산 이름을 외며 그림 그리기를 하는 노인들이 있다. 이는 의학적으로 치매 예방에 도움이 된다. 하루에 한 일을 일일이 기억하며 글로 적는 것은 대단한 두뇌 활동이다. 그림 그리기 등 다양한 창작 활동은 전전두엽, 해마, 편도체의 뇌 활성화에 기여한다. 매일 호기심을 유지하면 뇌의 노화를 늦추는 데 도움이 된다. 치매는 건강 수명의 최대 적이다. 외국어를 배우는 등 끊임없이 뇌를 자극해야 한다. 장수는 유전이라고 말하는 사람이 있다. 일부 맞는 말이지만 요즘은 후천적인 노력의 비율이 더 크다. 치매도 후천적인 노력으로 예방이 가능하다. 나의 뇌−신체가 건강해야 가족의 고통을 덜 수 있다. 나이 들어 자녀에게 주는 가장 큰 선물은 내가 건강한 것이다.

22. 일본의 평균 수명이 세계 1위인 이유

건강한 식습관이다. 일본인은 주로 식사에 고기와 신선한 해산물, 채소, 쌀을 중심으로 한 일본식 식단을 선호한다. 이 식단은 고단백, 저지방, 고섬유이며 적정량의 열량을 제공하여 심혈관 질환과 비만을 예방하는 데 도움이 된다.

적극적인 건강 관리이다. 일본인은 건강을 유지하기 위해 주기적인 의료 검진을 받고, 스트레스 관리와 운동을 통해 신체적, 정신적 건강을 챙기는 문화가 뿌리 내렸다.

고령화 대책이다. 일본은 고령화 사회에 대비하기 위해 노후 시대를 대비한 정책과 시설을 개발하였으며, 의료 시스템과 노년층 지원 프로그램을 개선하였다.

효과적인 보건의료 제공이다. 일본의 의료 시스템은 효율적이며 질 높은 의료 서비스를 제공한다. 국민들은 저렴한 비용으로 의료 서비스에 접근할 수 있으며, 의료 기술의 발전으로 질병 예방과 조기 진단이 가능해졌다.

문화적 요소이다. 일본 문화는 사회적 연대감과 가족 중심의 가치를 강조한다. 가족 간 지원과 연령별 존경이 풍부한 사회적 네트워크를 형성하며, 이는 스트레스 감소와 정신적 건강에 도움이 된다.

23. 인생 80은 꽃으로 말하면 만발한 때

나이 80은 인생 내리막 종점이 아니다. 아직 호기심이 남아 있고 꿈과 희망이 있다면, 나이쯤이야 문제가 될 수 없다.

노년 건강을 위한 '1無, 2少, 3多, 4必, 5友' 전략을 익혀서 실행한다.

① 1無-담배를 끊는다.

없애야 할 것 한 가지가 바로 담배이다. 담배를 피우면서도 90세 이상 장수한 사람은 많다. 그러나 여러 의학적 근거로 볼 때는 담배를 끊는 것이 옳다. 담배의 독소는 그 무서운 여러 가지 암의 원인이다.

② 2少-식사량과 음주량을 줄여라.

식탐은 비만을 낳고, 모든 성인병의 원인이 된다. 과일과 채소 위주로 먹되, 먹는 양을 줄이는 것이 장수의 비결이다. 마시는 술의 양도 많지 않도록 절제해야 한다. 폭주는 뇌세포를 손상해 치명적인 뇌 질환의 원인이 될 수 있다.

③ 3多－운동, 접촉, 휴식을 늘려야 한다.

어떤 운동이든 한 가지는 매일 하는 게 있어야 한다. 신체적으로 활동이 자유로워야 삶이 즐겁다. 접촉이란 다른 사람, 다른 일과 직면하는 것이다. 사람이 사회적 접촉을 유지하는 것은 '인간세계'로부터 소외되지 않기 위해서는 필수적이다. 피로가 만병의 원인이라는 점을 생각하면 아무리 할일이 쌓였더라도 건강 유지를 위한 휴식은 많을수록 좋다.

④ 4必－걷고, 배우고, 즐기고, 웃어야 한다.

매일 한 시간 정도만 걸으면 결코, 아파 눕는 일은 없다. 특히 공기가 맑은 새벽 시간 나무가 많은 숲이나 공원을 걸으면 좋다. 배움은 정해진 나이가 없다. 웃음은 스트레스를 해소하고 인생을 즐겁게 하는 활력소이다. 억지웃음이라도 웃으면 정말 웃게 되고, 정말 웃으면 긍정적인 기운이 솟아난다.

⑤ 5友－자연, 친구, 책, 술, 컴퓨터를 가까이한다.

자연 속에 건강과 젊음이 있다. 마음을 열고 대화를 나눌 수 있는 친구. 시대와 공간을 초월해 소통을 나누는 책은 정신과 마음을 윤택하게 해 준다. 술은 즐거움을, 컴퓨터는 이 시대를 가깝게 하자는 의미이다.

24. 유쾌하게 나이 드는 법 3가지

이제 의학의 발달로 100세 시대가 열렸다. 우리는 '100세 플랜'을 작성해야 한다. 인생은 50부터 새로운 시작이다. 인생의 '골든벨'은 50부터 비로소 울린다. 50까지는 혼인도 하고 아이들도 키우고 정신없이 살아야 한다. 그러나 50이 지나면 이제 제2의 인생이 시작되는 것이다. 축구 경기에 비교하면 아주 쉽다.

25세까지는 연습 기간, 50세까지는 전반전, 75세까지가 후반전, 100세까지는 연장전이다. 전반전보다 더 중요한 것은 후반전이다. 후반전, 연장전에서 멋진 골든골이 터진다. 유쾌한 노후를 위해서 세 가지를 실천한다.

① 건강을 저축한다.

인생 필수품 제1호는 당연 건강이다. 천하무적 슈퍼맨도 건강을 잃으면 세상을 떠나야 한다. 날마다 30분에서 1시간 정도 운동을 해야 한다. 운동은 선택이 아니라 필수이다. 집 근처 가까운 공원을 산책하거나 산에 오르면 그 이상 좋은 것은 없다.

웃음은 최고의 항암제다. 열 번만 까르르(^ㅁ^) 몸을 통째로 흔들면서 뒤집어지면 1시간 운동한 효과가 있다. 우리가 웃을 때 우리 몸에서 다이돌핀이라는 호르몬이 나온다. 이 호르몬은 엔도르핀의 5천 배 효과로 암세포도 죽이는 막강한 호르몬이다. 무조건 웃어라. 호시탐탐 웃다 보면 건강도 행복도 저절로 찾아온다.

② 실력을 저축한다.

나이 들면 책을 멀리하기 쉽다. 그러나 시간만 있으면 책을 읽어라. 서점에 가서 화제의 신간도 훑어보고 라디오, TV도 시간이 되는 한 자주 듣고 보아라. 아무리 형편없는 프로도 PD와 작가들이 머리를 맞대고 만든 것이다. 한 가지라도 배울 점은 있을 것이다. 나이 들수록 젊은 사람들과 소통하려면 시대의 흐름을 알아야 한다. 인터넷도 배우고 다양한 정보도 알아야 한다.

③ 먼저 인사하고 칭찬한다.

나이 들면 대개 인사를 받으려고만 한다. 인사를 먼저 해 주어라. 그것도 아주 유쾌한 목소리로 한다. 권위적으로 살면 스스로 고독에 빠질 수밖에 없다. 나이를 초월해서 젊은 사람들과 친구가 되는 법은 먼저 다가가는 것이다.

25. 노화 지연 10가지 가르침

① 하루 10분 명상을 "생각의 근육을 단련하라."는 것으로 편안한 음악과 함께하는 하루 10분 정도의 명상은 두뇌를 젊게 유지하는 특효약이란 설명이다.

② 자주 빨리 걸어라. 빨리 걷기는 가장 경제적이면서 효과적인 유산소 운동으로 짧고 빠른 발걸음을 하루 30분 이상 1주일에 5회 이상 실천하면 젊음을 회복할 수 있다는 게 전문가들 조언이다.

③ 물 제대로 마셔라. 하루에 30초 동안 3컵씩 3번 마시는 물은 보약과 다름없다며 "물을 제대로 마시라."고 주문했다. '3033법칙'이란다.

④ 맘껏 웃어라. 웃음은 행복한 바이러스로 건강 증진의 첩경이란 점은 강조해도 부족함이 없다.

⑤ 수수하게 입어라. 스포티하고 심플한 패션이 젊고 돋보이게 만든다는 뜻이란다.

⑥ 자외선을 피하라. 자외선이 피부 노화에 치명적이라는 점에서 젊고 건강한 피부를 유지하기 위한 가장 바람직한 방법으로 추천했다.

⑦ 피부는 촉촉하게 전문가들이 추천하는 피부 건강을 유지하는

화장품 두 가지는 바로 '자외선차단제'와 '모이스처라이저'이라고
한다.

⑧ 리모컨은 자녀에게 자녀들이 즐겨 보는 프로그램을 통해 자신
의 트렌드 지수를 높이자는 뜻을 담고 있다.

⑨ 대중문화를 즐겨라. 취향에 맞지 않은 것을 이해하겠다고 억
지로 노력하느니 자기 취향을 노골적으로 드러내는 것이 정신건강
에 좋다는 것을 주문하는 대목이다

⑩ 디지털을 배워라. '디지털을 두려워 마라.' 디카폰, 뮤직서치
폰, 게임폰, mp3 등 각종 첨단 전자제품의 사용법은 사실 요리보
다 쉬우니 적극 배우라는 게 전문가들의 제언이다.

26. 겸손(謙遜, humility)

자기 것을 주면서도 몸을 숙이는 주전자와 물병은 가진 걸 다 줄 때까지 몸을 숙이고 또 숙인다. 한세상 살다 보면, 하찮아 보이는 것에서도 삶의 교훈을 얻는 경우가 참 많다.

자기 안의 물을 남에게 주기 위해서는 몸을 숙여야 하는 주전자와 물병의 낮은 자세의 뜻을 배워야 한다.

내 몸을 숙여야만 남에게 줄 수 있고 꼿꼿한 자세로는 줄 수 없다는 것을 알아야 한다.

'겸손'의 의미를 누구라도 알 수 있게 풀어놓았다.

재미있는 얘기가 있다. 4년마다 있는 선거에서 매번 떨어지는 후보가 있었다. 잘 생긴 얼굴에 높은 학력, 언변까지 뛰어난 그였지만, 어쩐 일인지 매번 낙선의 고배를 맛봐야 했다. 어느 날, 그는 친구들과의 술자리에서 억울하다며 솔직한 말을 원했다.

그때, 한 친구가 정색을 하고 말했다. "자넨 인사를 뒤로 받잖아!" 거만함이 그의 패배 원인이었던 것이다.

잘생긴 얼굴, 높은 학력, 뛰어난 언변도 겸손만 못했다는 얘기다.

가진 걸/다 줄 때까지/몸을 숙이고/또 숙인다.

주전자와 물병의 의미를 다시 생각해야겠다.

저 하찮아 보이는 주전자와 물병은 그 어느 교과서나 강의보다도 커다란 가르침을 주고 있다.

성공한 사람의 달력에는 '오늘(Today)'이라는 단어가 적혀 있고 그의 시계에는 '지금(Now)'이라는 로고가 찍혀 있다. 내일(Tomorrow)보다는 오늘(Today)을, 다음(Next)보다는 지금(Now)을 외치는 멋진 시간이 되어야 한다.

27. 곰은 쓸개 때문에 죽고,
사람은 혀 때문에 죽는다

옛날, 박상길이라는 백정 출신이 푸줏간을 열었는데, 박상길을 아는 양반 두 사람이 시장에 들렀다가 이 푸줏간으로 들어왔다.

첫 번째 양반 한 사람이 주문했다.

"야, 상길아! 고기 한 근만 다오 ."

"예, 여기 있습니다."

박상길은 양반이 주문한 고기 한 근을 베어 내놓았다.

두 번째 양반도 고기를 주문하려는데, 박상길의 나이가 꽤 든 것 같은지라 말을 좀 다듬었다.

"박 서방, 나도 고기 한 근 주시게나."

"예, 알겠습니다."

이렇게 대답한 박상길은 처음보다 훨씬 많은 양의 고기를 썰어 두 번째 양반 앞에 내놓는 것이었다. 먼저보다 두 배는 족히 되어 보였다.

그러자 첫 번째 양반이 역정을 내며 말했다.

"아니, 이놈아! 같은 고기 한 근을 주문했는데, 어째서 이렇게 차이가 많이 난단 말이냐!"

"예, 그거야 앞에 고기는 상길이가 잘랐고, 뒤에 고기는 박 서방이 잘라서 그렇습니다."

박상길이 이렇게 천연덕스럽게 말하니 앞의 양반은 아무 대꾸도 하지 못했다.

상길이와 박 서방은 이렇게 다른 사람이다.

아니, 말 한마디에 따라 서비스의 질이 이렇게 다른 것이다. 사람을 신분이나 나이는 물론 계급이나 생김새로 구분해서 대하면 안 된다는 것이다.

또한 입은 옷이나 소유나 재산이나 타고 온 자동차나 외양으로 대우해선 안 된다는 가르침이다.

말 한마디에 상길이와 박 서방이 되는 것처럼, 인간의 감정이란 의외로 단순하면서도 깊은 면이 있다 .

인생이 실패하는 이유 중에서 80%가 인간관계의 실패 때문이라는 얘기도, 알고 보면 사람과 대화 중의 실패가 그만큼 많다는 얘기인지도 모를 일이다.

부주의한 말 한마디가 싸움의 불씨가 되고 잔인한 말 한마디가 삶을 파괴한다. 쓰디쓴 말 한마디가 증오의 씨를 뿌리고 무례한 말 한마디가 사랑의 불을 끈다.

은혜스런 말 한마디가 길을 평탄하게 하고 부드럽고 즐거운 말 한마디가 하루를 빛나게 한다. 때에 맞는 말 한마디가 긴장을 풀어주고 사랑의 말 한마디가 축복을 준다. 역사 이래 총이나 칼에 맞아 죽은 사람보다 혀끝에 맞아 죽은 사람의 숫자가 더 많다고 한다.

그래서 곰은 쓸개 때문에, 사람은 혀 때문에 죽는다는 말이다.

28. 흐르는 물은 썩지 않는다(流水不腐)

  중국 전국시대 진(秦)나라의 정치가인 여불위(呂不韋?~BC 235)가 약 3,000명에 달하는 빈객의 학식을 모아 편찬한 『여씨춘추(呂氏春秋)』의 진수(盡數)편에 나오는 유수불부(流水不腐)라는 말이 있다.

  "유수불부(流水不腐) 흐르는 물은 썩지 않고 호추불두(戶樞不蠹) 문지도리(문을 여닫을 때 축 역할을 하는 것)에는 좀이 슬지 않는다."라는 말이 있다.

  "전석(轉石) 불생태(不生苔) 즉, 구르는 돌에는 이끼가 끼지 않는다."라는 말과 일맥상통하는 말이다.

  예를 들면, 어느 마을에 옹달샘이 있다. 물맛이 좋아서 마을 사람들 모두가 그 옹달샘 물을 먹었다.

  그런데 욕심 많은 땅의 주인이 자기 혼자 먹을 심산으로 옹달샘 주변에 울타리를 쳤다. 사람들의 발길이 끊어진 후로 약 6개월이 지나자 옹달샘 물에서 악취가 나기 시작하더니 그 후 몇 개월 뒤에 옹달샘 물은 완전히 썩어 버렸다. 옹달샘은 퍼내면 계속 새로운 물이 솟아나지만 고이기 시작하면 물은 썩기 마련이다.

  중국 춘추시대에 진입부(陳立夫)라는 95세의 노인이 있었는데

이목(耳目)이 총명하고 생각이 민첩했다.

그래서 뭇사람들이 진(陳) 노인에게 장수의 비결이 무엇이냐고 물었더니, 진(陳) 노인이 이렇게 답한다.

"양신재동(養身在動) 양심재정(養心在靜)."

신체를 단련하는 것은 움직임에 있고 마음을 닦는 데는 고요히 하는 데에 있다.

진(陳) 노인은 또한 이렇게 말을 한다.

"보약으로 몸을 보하는 것은, 음식으로 몸을 보하는 것만 못하고 음식으로 몸을 보하는 것은, 운동으로 몸을 보하는 것만 못다."

즉, 움직임을 강조한 말이다. 몸을 움직이는 것을 '활동'이라 하는데 '활(活)'은 '동(動)'을 필요로 한다는 의미이다. '동(動)'속에는 '생명력'이 들어 있다.

인간의 건강한 생명은 운동에 있다는 심오한 뜻을 내포하고 있다. 건강도 건강할 때 지키라는 말이 있다.

29. 각자무치(角者無齒)

뽈이 있는 짐승은 이가 없다는 뜻으로, 한 사람이 여러 가지 복이나 재주를 다 가질 수 없다는 말이다.

뽈이 있는 소는 날카로운 이빨이 없고, 이빨이 날카로운 호랑이는 뿔이 없으며, 날개 달린 새는 다리가 두 개뿐이고, 날 수 없는 고양이는 다리가 4개이다.

예쁘고 아름다운 꽃은 열매가 변변찮고, 열매가 귀한 것은 꽃이 별로이다.

세상은 공평하다. 장점이 있으면 반드시 단점이 있고, 때론 단점이 장점이 되고 장점이 단점이 될 수도 있는 것! 이것이 세상사이다.

불평하면 자신만 손해 볼 뿐 세상은 바뀌지 않는다. 진정으로 우리에게 행복을 주는 것은 감사라는 삶의 태도에 있다. 행복은 감사하는 마음에서 오며 외적인 환경에서 오는 것이 아니고, 지금 행복을 맛보려면 먼저 감사의 조건을 찾아야 한다. 인생에 누구를 만났느냐는 어쩌면 인생을 좌우할 수도 있다.

"파리의 뒤를 쫓으면 화장실 주위만 돌아다닐 것이고, 꿀벌 뒤를 쫓으면 꽃밭을 함께 노닐게 될 것이다."

"물은 어떤 그릇에 담느냐에 따라서 모양이 달라지지만 사람은 어떤 사람을 사귀느냐에 따라 운명이 결정된다."

한번 주위를 둘러보자. 내 주변에 어떤 사람이 있는가?

"고개를 숙이면 절대 부딪히는 법이 없다!"

언제나 교만하지 않고 겸손함으로 살아갈 때, 우리 곁에는 늘 행복이 함께할 것이다.

30. 고스톱이 치매 예방?

　선진국마다 고령 인구가 늘어나면서 급증하는 치매가 보건 의료 최대 이슈다. 전 세계적으로 3초당 한 명의 치매 환자가 나오고 있다. 일본은 어리석음을 뜻하는 치매라는 용어 대신에 인지증(認知症)라는 말을 쓴다. 현재 인지증 환자가 650만 명 정도다. 2025년에는 65세 이상에서 다섯 중 한 명이 인지증 환자가 된다. 우리나라 치매 환자는 약 90만 명이다. 노인 인구 열 명 중 한 명꼴이다. 아직 일본보다 젊은 덕인지, 인구 비율을 감안해도 그 규모가 3분의 1도 안 된다. 하지만 20년 뒤면, 우리나라 고령 인구 비율이 일본을 앞지른다고 하니, 그 사이 쏟아져 나올 치매를 생각하면 앞날이 막막해진다. 게다가 치매는 마땅한 치료제도 없고, 뚜렷한 예방법도 없다. 초고령 사회에서 치매는 피하기 어려운 숙명이 돼 간다.

　알츠하이머병 치매가 발견된 지 117년이 지났지만, 현대 의학은 치매와의 전쟁에서 큰 성과를 이루지 못했다. 뇌 속에 쌓여서 치매를 일으킨다고 알려진 물질이 베타 아밀로이드 또는 타우 단백질인데, 이런 '치매 단백질'에 달라붙은 항체를 만들어 제거하면 치매가 사라지겠거니 생각했다. 일부 제거에 성공했으나, 이미 감소한 인지 기능은 그다지 되살아나지 않았다. 그 정도의 효과를 가진 약물이 치매 신약 '레켐비'다. 투여 비용이 한 달에 400만 원 가량 든다. 레켐비는 효과 한계와 고비용으로 치매 판을 바꾸는 게임 체인저가 되기에 요원하다. 치매 범인을 한 방에 잡으려는 시도가 번번이 실패하자, 뇌 의학자들은 이제 생각을 바꾸기 시작했다. 범인이 한 명이 아니라는 것을 깨달은 것이다. 이를 입증하는 연구가 속속 나왔다. 폐 기능이 떨어진 환자에게서 치매 발생률이 더 높다. 숨을 내쉴 때 처음 1초 동안 공기를 내뿜는 양이 적은 사람은 치매 위험이 크다. 호흡 능력과 폐 기능이 떨어진 사람은 뇌로 가는 산소가 부족하여 치매가 잘 온다는 얘기다. 혈당 조절이 안 되는 환자, 씹고 삼키는 구강 기능이 떨어진 사람, 충분한 수면 시간을 못 갖는 수면 장애 등이 치매와 연관 있다. 앉아 있는 시간이 많은 사람도 신체 활동 부족으로 치매 발병 위험이 크다.

머리 쓰는 고스톱이 치매 예방에 좋다고 하지만, 앉아서 고스톱 오래 치면, 치매를 키우는 꼴이 된다. 흡연과 과음, 저(低)교육, 청력 감소, 우울증, 사회적 고립 등도 치매와 연결된다. 이제 치매는 단순한 퇴행성 뇌 질환이 아니고, 전신 복합 질환의 일환으로 받아들인다.

31. 노인 인구 1000만 시대

대한민국의 미래는 '노인의 나라'이다. 물론 노인밖에 없는 나라를 말하는 건 아니다. 그렇다고 마음을 놓을 만한 여유는 없다. 저출산·고령화로 노인 인구 비중이 커지는 건 틀림없는 사실이다. 그것도 세계에서 유례가 없을 정도로 빠른 속도다. 특히 다가오는 2024년은 인구학적으로 중대한 고비를 맞는다. 노인 인구 1000만 시대가 열린다. 단군 이래 한 번도 경험해 보지 못한 나라가 현실로 닥쳐온다. 2024년은 베이비붐 세대의 중간에 속한 1959년생이 65세가 되는 해다.

통계청이 2023년 12월 중순 발표한 자료를 살펴보면 앞으로 50년간 우리나라 인구구조 변화를 예상한 보고서('장래인구추계: 2022~2072년')다. 통계청은 2024년 7월 1일 기준으로 65세 이상 노인 인구를 994만 명으로 전망했다. 이런 추세라면 2024년 8월에 노인 인구가 1000만 명을 넘어서는 건 기정사실이다. 인구 다섯 명 중 한 명꼴로 65세 이상 노인이란 뜻이다. 인구 고령화는 농촌 지역만의 문제가 아니다. 서울과 6대 광역시도 심각한 상황이다. 2035년이면 세종시를 제외한 전국 16개 시·도가 초고령 사회가 된다. 특히 부산과 대구에선 노인 인구가 전체 인구의 세 명 중한 명꼴로 많아진다. 이와 동시에 일할 나이의 인구는 빠르게 줄고 있다.

국내 생산연령인구(15~64세)는 이미 2019년을 고비로 감소세로 돌아섰다. 통계청은 2030년 생산연령인구를 3417만 명으로 전망했다. 2023년(3657만 명)와 비교하면 7년 만에 240만 명이 줄어든다. 가장 큰 원인은 베이비붐 세대의 은퇴다. 베이비붐 세대(1955~1963년생)가 고령층으로 이동하는 2020년대에는 생산연령인구가 연평균 32만 명, 2030년대에는 연평균 50만 명이 감소할 전망이다. 노인 복지에 필요한 돈은 급격하게 증가할 텐데 그 돈을 부담할 사람은 빠르게 줄어든다. 조만간 우리 사회가 마주할 수밖에 없는 위기의 본질이다. 이대로 가다간 젊은 세대의 복지 비용 부담이 감당할 수 없을 정도로 불어난다. 복지 제도의 구조조정이 시급하다.

32. 행복한 사람은 얻은 것만 계산한다

　같은 일을 하면서도, 같은 하루를 보내면서도, 어떤 사람은 불행에 빠져 생활하고, 어떤 사람은 행복에 겨워 생활한다. 이유는 한 가지, 세는 것이 다르기 때문이다. 불행한 사람은 잃은 것을 센다. 이것도 잃고 저것도 잃었다고 센다.

　잃은 것을 셀수록 감사함도 잃게 된다.

　잃은 것을 셀수록 만족감도 잃게 된다.

　잃은 것을 세는 만큼 행복이 비워진다.

　행복한 사람은 얻은 것만 센다.

　이것도 얻고 저것도 얻었다고 센다.

　얻은 것을 셀수록 감사함도 얻게 된다.

　얻은 것을 셀수록 만족감도 얻게 된다.

　얻은 것을 세는 만큼 행복이 채워진다.

　잃은 것은 빨리 잊어야 한다.

　그것이 사랑이든, 재물이든, 되돌릴 수 없는 시간이든.

　그런데 건강은 잃어버렸다고 잊어버리면 죽기밖에 더하겠는가? 죽기를 바라지 않는다면 건강은 건강할 때 지켜야 한다.

　건강해야 사랑도 한다.

건강해야 재물도 필요하다.

건강해야 시간도 필요하다.

건강해야 행복도 누릴 수 있다.

33. 건강하고 행복하게 만드는 것은?

하버드 연구진들은 이 물음으로 1938년부터 700여 명의 남성을 대상으로 75년 동안 연구를 진행하고 있다. 그들의 인생을 추적하고 있다. 75년이라는 장기간의 연구를 통해 하버드 연구진들은 어떤 결과를 얻었을까? 이 시대를 사는 대부분의 사람들은 젊은 시절엔 부와 명성, 그리고 높은 성취를 추구해야 한다고 말한다. 사회 역시 우리에게 열심히 일하고 노력하라고 말한다. 좋은 삶을 살 수 있다고 믿는다. 하지만 75년 동안 700여 명의 인생을 추적해 온 결과 우리를 진정으로 행복해하고 건강하게 만드는 것은 바로 '좋은 관계'였다.

'관계'에 대해 3가지 큰 교훈을 얻었다.

① 사회적 연결은 매우 유익한 반면, 고독은 해롭다.

② 관계에서 친구의 수는 중요하지 않다. 가장 중요한 것은 관계이다.

③ 좋은 관계는 우리의 몸뿐만 아니라 뇌도 보호한다.

좋은 관계가 건강과 행복에 이롭다는 것은 옛날부터 내려오는 이야기이다. 문제는 이 중요한 깨달음을 항상 잊어버린다는 것이다. 삶을 행복하게 만드는 건 바로 당신 곁에 있는 사람들이다. 혼자라고 느껴질 때면 주위를 둘러보라.

인생은 짧기 때문에 다투고 사과하고 가슴앓이하고 해명할 시간이 없다. 오직 사랑할 시간만 있을 뿐이며 그것을 말하자면 한순간이다.

34. 100프로 행복을 위한 십계명

① 감정을 있는 그대로 수용한다. 감정을 거부하지 말고 있는 그대로 받아들이고, 마치 하나의 증거물처럼 세세히 살펴본다.

② 등을 쭉 펴야 한다. 얼굴에 미소를 짓고, 끈이 머리를 위로 잡아당기는 것처럼 몸을 곧추 세운다.

③ 휴식하고, 낮잠을 자야 한다. 너무 지쳐서 생각조차 어렵다면 한숨 잔다. 신기하게 일이 잘 풀릴 것이다.

④ 자신에게 소소한 기쁨을 선사한다. 잡지, 액세서리, 맛있는 간식, 맥주 한 모금, 무엇이든 자신에게 선물한다.

⑤ 사람이나 사물에게 사랑을 주어야 한다. 불만이 가득한 상태에서 벗어나는 데 정말 도움이 되는 마법 같은 묘약이다.

⑥ 가능하면 자연도 감상하면서, 걷고 산책한다. 생각을 정리하고 체력을 회복하는 최고의 방법이다.

⑦ 내적 대화에 유의한다. 부정적인 생각이 들면 잠시 멈추고 차라리 아무 생각도 하지 말아야 한다. '잘될 거야. 난 나를 믿어.'를 되뇌이는 마음속 대화를 한다.

⑧ 에너지를 되찾는 데 도움이 되는 활동을 한다. 그림, 독서, 음악 듣기, 영화 보기 등 자신에게 힘이 되는 활동을 찾는다.

⑨ 사람들과 어울리거나 지인에게 연락한다. 홀로 남아서 안 좋은 일을 곱씹지 말고, 무조건 밖으로 나가 누군가를 만난다.

⑩ 신체를 잘 돌보아야 한다. 목욕, 건강한 음식과 영양제, 마사지, 스킨십, 스트레칭, 휴식, 명상 등을 의식적으로 실천한다.

35. 몸이 건강해야 삶이 행복하다

　몸은 나의 중심이다. 근간을 이루는 몸이 무너지면 모든 감성과 지성 그리고 영성이 무너진다. 몸이 바로 서야 자신이 하고 싶은 것을 제대로 할 수 있다.

　극한 상황에서 머리는 절대 몸을 통제하지 못한다. 정신력이 아닌 체력이 더 중요하다. 산을 오를수록 기온이 떨어지고 체력도 떨어져 더 이상 못 움직일 것 같은 극한 상황일 때도 머리로는 가자고 하는데 몸은 움직이지 않는다. 하지만 체력이 있으면 극복할 수 있다. 체력이 없으면 몸은 머리의 명령을 듣지 않는다.

　선진국은 체덕지(體德智)를 강조한다. 지덕체(智德體)를 앞세우는 나라는 우리나라밖에 없다. 우리가 살아갈 가장 중요한 기본인 몸을 안 움직이며 머리로만 공부해선 창의적인 인재가 될 수 없다. 무엇을 하려면 실행을 해야 한다. 몸이 부실하면 실행력이 떨어진다. 실력은 실행력의 줄임말이다. 결국 체력이 실력이다. 어릴 때부터 운동을 생활화해야 실행력이 좋아진다.

　체인지(體仁智)는 체덕지와 비슷한 개념으로 직접 체험하고 공감하며 실천하는 게 진짜 지성이라는 뜻이다. 운동하면 행동하는 것이다. 내가 움직인 만큼 세상을 보는 틀이 바뀐다. 부자의 1원칙 몸에 투자하라. 아무리 돈이 많아도 건강을 잃으면 소용이 없다. 돈도 체력이 있어야 번다. 재테크는 실패할 수 있지만 근(筋)테크는 절대 실패할 수 없다. 돈 번 뒤 병원에 누워 있으면 무슨 소용인가, 100세 시대의 화두는 건강과 행복이다. 신체성 즉 건강이 확보돼야 100세까지 즐겁게 살 수 있다. 운동은 선택이 아닌 필수, 몸은 전셋집이다. 임대 기간이 다 되면 돌려줘야 한다.

36. 100세 준비 7원칙

① 평생 현역이다.

평생 일을 하라는 것이다. 신세대 노인으로서 평생 현역으로 일하겠다는 마음의 자세가 필요하다. 젊어서 돈을 벌기 위해 일했다면 은퇴 후에는 자신이 좋아하는 일을 하면서 행복하게 평생 현역으로 살라는 것이다. 정년퇴직에 임박해서 노후를 준비할 것이 아니라, 미리 자신이 퇴직 후에 무슨 일을 할 것인지를 생각해서 그에 관한 전문지식과 식견을 준비해야 한다.

② 평생 경제이다.

노후에도 작은 일이라도 해서 경제적 활동으로 돈을 벌어야 한다. 젊었을 때 벌어 놓은 돈을 쓰면서 산다는 것은 환상일 수 있다. 젊을 때, 노후에 필요한 돈을 다 버는 것이 불가능하기 때문이다. 또 저금리 현상이나 인플레이션 등 각종 예기치 못한 상황에 따라 이자 수입으로 살기도 힘들다.

③ 평생 건강이다.

평소 규칙적인 운동을 통해 건강을 지킨다. 늙어서 중병을 앓으면 서럽고 애써 모은 노후자금을 병원비로 지불하기는 안타까운 일이기 때문이다.

④ 평생 젊음이다.

매사에 젊은이들처럼 도전 정신을 유지한다.

⑤ 평생 관계이다.

정기적으로 만날 수 있는 친한 사람이 최소 여섯 명이고, 일상사의 불편에서 벗어날 수 있다면 노후가 행복하다. 노후에도 정기적으로 만날 수 있는 인맥을 만들어 놓아야 한다.

⑥ 평생 공부이다.

현시대 지식의 양은 급격히 증가해 학교에서 배운 지식만으로는 평생을 살 수 없다. 자신이 맡은 업무는 물론이고 다양한 분야에 관심을 두고 끊임없이 학습한다. 세상이 변화하는 것에 맞춰 끊임없이 공부하는 자세를 지닌다.

⑦ 평생 마음 개발이다.

일상에서 불가피하게 부닥치는 스트레스를 다스리는 마음공부가 필요하다. 헛된 욕망에 괴로워하지 말고, 늘 겸손함을 유지하며 이웃에게 베푸는 자세를 지니면 삶에 보람을 느껴 스스로 행복해진다. 신체적인 건강뿐 아니라 마음 역시 건강하게 갈고 닦아야 한다.

37. 노인들의 삶

① 노선(老仙)이다.

늙어 가면서 신선처럼 사는 사람이다. 이들은 사랑도 미움도 놓아 버렸다. 성냄도 탐욕도 벗어 버렸다. 선도 악도 다 털어 버렸다. 삶에 아무런 걸림이 없다. 건너야 할 피안(彼岸)도 없고 올라야 할 천당도 없고 빠져 버릴 지옥도 없다. 다만 무심히 자연 따라 돌아갈 뿐이다.

② 노학(老鶴)이다.

늙어서 학처럼 고고하게 산다. 이들은 심신이 건강하고 여유가 있어, 나라 안팎을 수시로 돌아다니며 산천 경계를 유람한다. 그러면서도 검소하여 천박하질 않다. 많은 벗들과 어울려 노닐며 베풀 줄 안다. 그래서 친구들로부터 아낌을 받는다. 또 틈나는 대로 갈고 닦아 학술논문이며 문예작품들을 펴내기도 한다.

③ 노동(老童)이다.

늙어서 동심으로 돌아가 청소년처럼 사는 사람들을 말한다. 이들은 대학의 평생교육원이나 학원 아니면 서원이나 노인 대학에

적을 걸어 두고 못다 한 공부를 한다. 『시경(詩經)』, 『주역(周易)』등 한문이며 서예며 정치, 경제 상식이며 인터넷 카페에 열심히 들어 간다. 수시로 동지들과 어울려 여행도 하고 노래며 춤도 추고 즐거 운 여생을 보낸다.

④ 노옹(老翁)이다.

문자 그대로 늙은이로 사는 사람을 말한다. 집에서 손자들이 나 봐 주고 텅 빈 집이나 지킨다. 어쩌다 동네 경로당에 나가 서 노인 들과 화투나 치고 장기를 두기도 한다. 형편만 되면 따로 나와 살 아야지 하는 생각이 늘 머릿속에 맴돌면서 하루하루를 보낸다.

⑤ 노광(老狂)이다.

미친 사람처럼 사는 노인이다. 함량 미달에 능력은 부족하고 주 변에 존경도 못 받는 처지에 감투 욕심은 많아서 온갖 장을 도맡으 려고 한다. 돈이 생기는 곳이라면 체면불고하고 파리처럼 달라붙 는다. 권력의 끄나풀이라도 잡아 보려고 늙은 몸을 이끌고 끊임없 이 여기저기 기웃거리는 사람을 말한다.

⑥ 노고(老孤)이다.

늙어 가면서 아내나 남편을 잃고 외로운 삶을 보내는 사람이다. 삼십 대의 아내는 기호식품 같다고 한다. 사십 대의 아내는 어느덧

없어서는 안 될 가재도구가 돼 버린다. 오십 대가 되면 아내는 가보(家寶)의 자리를 차지한다. 육십 대의 아내는 지방 문화재라고나 할까요? 그런데 칠십 대가 되면 아내는 국보의 위치에 올라 존중을 받게 된다. 그런 귀하고도 귀한 보물을 잃었으니 외롭고 쓸쓸할 수밖에 없다.

⑦ 노궁(老窮)이다.

늙어서 수중에 돈 한 푼 없는 사람이다. 아침 한 술 뜨고 나면 집을 나와야 한다. 갈 곳이라면 공원이나 광장뿐이다. 점심은 무료 급식소에서 해결한다. 석양이 되면 내키지 않는 발걸음을 돌려 집으로 들어간다. 며느리 눈치 슬슬 보며 밥술 좀 떠 넣고 골방에 들어가 한숨 잔다. 사는 게 괴롭다.

⑧ 노추(老醜)이다.

늙어서 추한 모습으로 사는 사람이다. 어쩌다 불치의 병을 얻어 다른 사람 도움 없이는 한시도 살 수 없는 못 죽어 생존하는 가련한 노인이다.

38. 유단취장(有短取長)

조선의 실학자 성호 이익(1681~1763)의 마당에 감나무 두 그루가 있었다. 한 그루는 대봉 감나무지만 1년에 겨우 서너 개 열렸고, 다른 한 그루는 많이 열리지만 땡감 나무였다. 마당에 그늘도 많아지고 장마 때면 늘 젖어 있어 마당이 마를 날이 없었다. 둘 다 밉게 여긴 성호 선생이 톱으로 한 그루를 베어 내려고 두 감나무를 번갈아 쳐다보며 오가고 있었다. 그때 부인이 마당에 내려와 말하였다.

"이건 비록 서너 개라도 대봉시라서 조상 섬기는 제사상에 올리기에 좋죠. 저건 땡감이지만 말려서 곶감이나 감말랭이 해 두면 우리 식구들 먹기에 넉넉하죠."

그리고 보니 참 맞는 말이었다. 성호 선생은 둘 다 밉게 보았고, 부인은 둘 다 좋게 보았다. 밉게 보면 못 났고 좋게 보니 예쁜 것이었다. 단점 속에서 장점을 취한 부인의 말을 들은 성호 선생은 톱을 창고에 넣고 나오면서 웃었다.

"하하하, 유단취장(有短取長)이구나." 단점이 있어도 장점을 취할 것이 있다는 것이다. 세상에 어떤 사람이든 장점만 갖고 있는 사람은 없다. 장점이 있으면 단점이 있고, 단점이 있으면 장점도 있는 것이 인간이다. 그런데, 장점은 보려 하지 않고 보이는 단점만 지적하여 그를 나무라고 비난한다면 그 사람의 장점은 빛을 잃고 더욱 의기소침해질 것임이 분명하다.

산봉우리가 있으면 계곡도 있고, 얼굴이 있으면 뒤통수도 있듯 단면만 있는 물체는 없다.

유단취장(有短取長)이라! 단점이 있어도 장점을 볼 줄 알고 취할 줄 알아야 한다.

성호 이익 선생이 들려주는 양면을 모두 볼 줄 아는 통섭(通攝, consilience)의 가치관이 빛난다.

39. 리츄얼(ritual)로 삶을 충만하게

일상에서 반복하는 사소한 행동 패턴을 리츄얼(ritual)이라고 한다. 일상적인 기쁨에 바탕을 둔 자신만의 리츄얼을 개발하여 실천해 보는 것도 좋을 듯하다. 사소하고 단조로운 반복으로 보이지만 소소하고 확실한 행복을 추구하면서 자신이 의미 있는 존재로 확인되는 것이다.

칸트(1724~1804)는 항상 혼자 산책을 했다. 동행이 있으면 말을 해야 하기 때문에 차가운 공기가 바로 폐까지 내려가 몸을 상하게 한다고 생각했기 때문이다.

칸트가 산책하는 시간인 3시 30분에 동네 사람들이 시계를 맞출 정도의 정확한 습관은 약골인 자신을 일정한 규칙성을 통해 건강을 극복하려는 노력이었다. 하루 한 끼의 점심 식사, 맥주를 입에 대지 않았고 여행이란 걸 해 본 적이 없이 평생 고향에 머물며 독신이었던 칸트였다. 세상이 만들어 놓은 습관과 규범에 길들여지지 않고 자기만의 삶의 루틴을 만들어 철저히 따랐던 인내와 절제와 목표 의식은 칸트로부터 배워야 할 최고의 리츄얼이자 인생철학이다.

스콧 니어링(1883~1983)은 서구 문명이 그 누구에게도 안전한 삶을 보장해 주지 못한다고 생각해 뉴욕을 떠나 버몬트 시골로 들어가 자연과 조화로운 삶을 추구했다. 스코트 니어링은 하루 4시간은 노동을 하고 4시간은 책을 읽고 4시간은 글을 쓰거나 사색을 하며 시간으로 썼다. 그는 가장 조화로운 삶은 이론과 실천과, 생각과 행동이 하나가 되는 것이라며 인식과 실천을 결부시켰다.

발자크(1799~1850)는 빚쟁이들의 시달림 속에서도 하루에 50잔의 블랙커피의 힘으로 원기를 얻고 7시간을 쉬지 않고 글을 썼다. 오후 4시엔 산책을 하고 목욕 후 6시까지 손님을 맞았다.

아프리카에 자신의 모든 것을 바친 슈바이처(1875~1965) 박사였지만 저녁에 1시간은 누구에게도 방해받지 않은 시간을 가졌다고 한다. 그 시간이 그가 평생을 아프리카에 바칠 수 있는 힘이었다.

『여자 없는 남자들』 등 총 7편의 단편을 집필한 무라카미 하루키는 새벽 4시에 일어나 5시간 글을 쓰고 오후에는 책을 읽고 음악을 듣고 달리기나 수영을 하는 생활을 25년 넘게 지속하고 있다.

박경리(1927~2008) 선생은 글을 쓰면서 늘 텃밭을 일궜다. 마당에 널려 있던 300개 가까운 장갑이 글과 노동을 병행한 작가의 흔적을 말해 주었다. 결혼하고 4년 만에 남편과 사별한 박경리는 외로움과 삶의 고통에서 몰아치는 온 생의 무게를 펜 하나에 지탱한 채 죽음 대신 궁형을 택하며 굴욕을 승화시키며 불세출의 『사기』를 집필한 사마천을 생각하며 살았다.

사르트르(1905~1980)는 하루 6시간의 작업을 지키면서 음주와

흡연과 약물로 채워진 삶을 살았다. 점심 식사는 계약 결혼의 동반자였던 보브아르와 친구들과 함께했다. 그는 고갈되는 자신의 건강을 알고 있었지만, 건강보다 철학에 승부를 걸고 "존재는 본질에 앞선다."는 실존주의적 명구를 남겼다. 아직도 구태의 냉전적 이념에 젖어 그를 사회주의자라며 폄하하는 사람들은 그의 사상의 진수를 아는지 모르겠다.

니체(1844~1900)는 "지식인이라면 적을 사랑할 수 있을 뿐 아니라 친구를 미워할 수도 있어야 한다."라고 말했다.

합리론의 창시자인 데카르트(1596~1650)는 몸이 약해 하루 열 시간씩 잠을 자면서 늦은 아침에 하루의 지적 능력을 집중하는 시간을 가졌다. 그는 최대한의 정신 능력을 발휘하기 위해서는 빈둥거리는 습관이 필요하다고 주장했다. 스웨덴의 크리스티나 여왕의 철학 과외 교사로 초빙되어 새벽부터 잠을 못 자며 감당하기 힘든 교습 중 강한 추위로 한 달 만에 폐렴으로 타계했다. 그는 "나는 생각한다. 고로 존재한다."는 명제로 신 중심에서 인간 중심으로 가는 문을 여는 결정적인 역할을 했다.

괴테(1749~1832)는 아침을 먹지 않았고, 오전 11시에 뜨거운 초콜릿 음료를 마시고 일에 몰두했다. 점심은 두 시에 먹었고 식사량이 다른 사람들의 두 배는 되어 적지 않은 식사를 즐겼다. 빵과 와인을 즐겼고, 와인을 매일 두세 병을 마셨다. 자연산 와인은 뇌에 좋은 자극을 주어 괴테는 평생 무려 5만 병의 와인을 마셨다.

아인슈타인(1879~1955)은 약간 얼빠져 보이는 모습과 헝클어진 외모로 유명하다. 이발소 가기 싫어 머리를 길렀고 양말과 멜빵은 불편하다고 착용하지 않았다.

그는 동네 사람들이 원하는 대로 가족들과 함께 포즈를 취해 주고 덕담까지 나누는 인간적 자상함을 보여 주었다.

40. 공자(孔子)가 절대로 하지 않는 4가지

　공자(B.C 551~B.C 479)는 네 가지 일을 전혀 하지 않았다.

　자절사(子絶四), 무의(毋意), 무필(毋必), 무고(毋固), 무아(毋我)'
이다.

　즉 자기 마음대로 결정하지 않고, 함부로 단언하지 않았으며, 자기
고집만 부리지 않았고, 따라서 아집을 부리는 일이 없었다고 한다. 이
모두를 하나의 속성으로 묶을 수 있는데, 그게 바로 '겸손'(謙遜)이다.

　① 함부로 억측하지 말아야 한다.

　상식과 편견은 종이 한 장 차이다. 모든 일을 조사하며 진행할
순 없지만, 그렇다고 본인의 직감에만 의존하는 것도 위험하다. 균
형 감각을 발휘해야 한다. 어떤 것을 예단하기 전에 그것이 진실과
다름이 없는지, 지나치게 편견에 의존한 판단은 아닌지 늘 경계해
야 한다. 애매한 건 귀찮더라도 한 번 더 조사해 보고 판단하는 신
중함이 필요하다.

　② 자신만 옳다고 믿지 마라.

　옳고 그름에 너무 집착하지 마라. 세상에 100% 한쪽만 진리인

건 없다. 설령 맞더라도 조건부인 경우가 대부분이다. 자기 믿음도 중요하지만, 그걸 만고불변의 진리처럼 믿고 내세우면 주위에 적(敵)이 많아진다. 특별히 대단한 사안이 아니라면 주변 사람과 의견 충돌은 '다름'으로 풀어 나가야지 '옳고 그름'으로 풀어선 안 된다. 유연한 태도로 대처하는 게 좋다.

③ 끝까지 고집 부리지 마라.

살다 보면 자기 주관을 관철해야 하는 순간이 분명 있다. 특히 결단력이 중요한 리더의 위치라면 더 그렇다. 그런 순간에 책임감을 바탕으로 밀어붙이는 추진력이 필요하다. 하지만 대 부분 그렇게까지 굴어야 할 일은 별로 없다. 사소한 거 하나 하나 자기 뜻대로 해야 하는 사람은 정작 중요한 일을 놓치기 쉽다. 웬만한 건 적당히 넘어 가고 중요한 것만 취할 줄 아는 요령이 중요하다.

④ 자신을 내세우지 마라.

모난 돌이 정 맞는다. 우리 사회는 전면에 나서는 사람들에게 그렇게 관대하지 않다. 그 사람이 잘나서 나선 거면 잘난 척한다고 욕하고 그냥 나서면 나댄다고 비하한다. 어쨌든 대부분 적극적인 사람을 자신감보단 자만감으로 느끼는 사람이 많으니 나설 땐 늘 조심해야 한다. 다소 가식적이란 평가를 들어도 좋으니 최대한 겸손한 모습을 보여 줄 필요가 있다.

41. 설니홍조

중년의 나이를 넘으면 존경을 받지 못할지언정 욕을 먹지 말아야 한다. 소동파(1036~1101)의 시에 설니홍조(雪泥鴻爪)라는 표현이 있다. 기러기가 눈밭에 남기는 선명한 발자국이란 뜻이다. 그러나 그 자취는 눈이 녹으면 없어지고 만다. 인생의 흔적도 이런 거다. 언젠가는 기억이나 역사에서 사라지는 덧없는 여로이다. 뜻있는 일을 하면서 성실하게 살고 하늘을 우러러 한 점 부끄럼 없이 지내는 일이 참 어렵다.

중국 고사에 '강산이개(江山易改) 본성난개(本性難改)'라는 문장이 있다. 강산은 바꾸기 쉽지만, 본성은 고치기 힘들다. 나이 먹을수록 본성이 잇몸처럼 부드러워져야 하는데 송곳처럼 뾰족해지는 경우가 많다.

소크라테스(B.C 470~B.C 399)가 "너 자신을 알라." 하고 일갈했을 때 그의 친구들이 "그럼, 당신은 자신을 아느냐?"라고 되물었다. 그때 소크라테스는 "나도 모른다. 그러나 적어도 나는, 나 자신을 모른다는 것은 알고 있다."라고 말했다. 자신의 부끄러움을 아는 것이 본성을 고치는 첩경이 될 수 있다.

인간은 다섯 가지를 잘 먹어야 한다.

① 음식을 잘 먹어야 한다.

② 물을 잘 먹어야 한다.

③ 공기를 잘 먹어야 한다.

④ 마음을 잘 먹어야 한다.

⑤ 나이를 잘 먹어야 한다.

이것이 건강한 삶의 비결이고 존경받는 삶의 길이다. 중년의 나이를 넘으면 삶의 보람과 의미를 찾기보다는 존경을 받아야 한다.

패션 디자이너 코코 샤넬은 "스무 살의 얼굴은 자연의 선물이고, 쉰 살의 얼굴은 당신의 공적이다."라는 명언을 남겼다 그렇다면 중년 이후의 얼굴은 그 사람 인생에 대한 결과라 할 수 있을 것이므로 나이를 잘 먹는다는 것은 정말로 어려운 것이다.

42. 허목의 도량과 송시열의 담대함

조선 후기 효종 때 당대의 두 거물 정치인, 명의이자 영의정을 지낸 남인의 거두 허목(許穆, 1596~1682)과 학자이며 정치가이기도 한 효종의 스승인 노론의 영수(領首) 송시열(宋時烈, 1607~1689)의 이야기이다.

당시에 이 두 사람은 아쉽게도 당파로 인해 서로가 원수처럼 지내는 사이였다. 그러던 중에 송시열이 큰 병을 얻게 되었는데, 허목이 의술에 정통함을 알고 있던 송시열이 아들에게 "비록 정적일 망정 내 병은 허목이 아니면 못 고친다. 찾아가서 정중히 부탁하여 약방문(처방전)을 구해 오도록 해라." 하고 아들을 보냈다. 사실 다른 당파에 속한 허목에게서 약을 구한다는 건 죽음을 자청하는 꼴이었다. 송시열의 아들이 찾아오자 허목은 빙그레 웃으며 약방문을 써 주었다. 아들이 집에 돌아오면서 약방문을 살펴보니 비상을 비롯한 몇 가지 극약들을 섞어 달여 먹으라는 것이었다. 아들은 허목의 못된 인간성을 원망하면서도 아버지 송시열에게 갖다 주었다. 약방문(처방전)을 살펴 본 송시열은 아무 말 않고 그대로 약을 지어 오라고 하고서 약을 달여 먹었는데 병이 깨끗이 완쾌되었다.

허목은 "송시열의 병은 이 약을 써야만 나을 텐데, 그가 이약을 먹을 담력이 없을 테니 송시열은 결국 죽을 것이라."고 생각했다. 그러나 송시열은 허목이 비록 정적이긴 하나 적의 병을 이용하여 자신을 죽일 인물은 아니라고 생각했다. 송시열이 완쾌했다는 소식을 듣자 허목은 무릎을 치며 송시열의 대담성을 찬탄했고 송시열은 허목의 도량에 감탄했다고 한다. 서로 당파싸움으로 대적을 하는 사이 이지만 상대의 인물됨을 알아보고 인정을 하는 허목과 송시열과 같은 그런 인물이 현대에도 있었으면 좋겠다. 사람은 믿음과 함께 젊어지고, 의심과 함께 늙어 간다. 사람은 자신감과 함께 젊어지고, 두려움과 함께 늙어 간다. 사람은 희망이 있으면 젊어지고, 절망이 있으면 늙어 간다. 나를 비우면 행복하고, 나를 낮추면 모든 것이 아름답다.

43. 관상(觀相)과 심상(心相)

　사람은 누구나 좋은 얼굴을 가지기를 원한다. 관상을 잘 믿지 않는 사람도 누가 "당신 관상이 좋다."고 하면 금세 입이 헤 벌어진다. 백범 김구(1876~1949) 선생이 젊었을 때의 일이다. 청년 김구는 열심히 공부해서 과거시험에 응시했지만 번번이 낙방했다. 당시엔 인맥과 재물이 없으면 출세할 수 없는 시절이었다. 아버지는 아들에게 밥벌이라도 하려면 관상이라도 배워 보라고 권했다. 김구는『마의상서(麻衣相書)』라는 관상 책을 구해 독학했다. 어느 정도 실력을 연마한 그는 거울을 갖다 놓고 자신의 관상을 보았다. 가난과 살인, 풍파, 불안, 비명횡사할 액운이 다 끼어 있었다. 최악의 관상이었다. "내 관상이 이 모양인데 누구의 관상을 본단 말인가!" 때마침 장탄식하던 김구의 눈에 책의 마지막 구절이 들어왔다. "얼굴 잘생긴 관상(觀相)은 몸이 튼튼한 신상(身相)만 못하고, 몸이 좋은 신상은 마음씨 좋은 심상(心相)만 못하다." 얼굴보다 마음가짐이 제일 중요하다는 얘기였다. "올커니!" 김구는 무릎을 쳤다. 용기를 얻은 그는 책을 덮고 어떻게 하면 좋은 심상을 만들지를 생각했다.

　그는 기울어져 가는 나라를 위해 헌신하기로 마음을 먹었다. 훗

날 상해임시정부를 이끄는 민족 지도자가 되었다. 김구가 읽은『마의상서』에는 이런 일화가 전해진다. 이 책을 쓴 마의 선인이 길을 걷다 나무하러 가는 머슴을 만났다. 그의 관상을 보니 죽음의 그림자가 드리워져 있었다. 마의 선인은 머슴에게 "얼마 안 가서 죽을 운명이니 너무 무리하게 일하지 말게."라고 일렀다. 그 말을 들은 머슴은 하늘을 바라보며 탄식했다. 그때 나무껍질이 계곡물에 떠내려 왔다. 머슴은 나무껍질 위에서 개미떼들이 물에 빠지지 않으려고 발버둥치는 것을 보고는 측은한 생각에 껍질을 건져 개미들을 살려 주었다. 며칠 후 마의 선인은 그 머슴을 다시 만나게 되었다. 놀랍게도 그의 얼굴에 서려 있던 죽음의 그림자가 사라지고, 부귀영화를 누릴 관상으로 변해 있었다. 작은 선행이 그의 관상과 운명까지 바꾼 것이다.

　머슴에게서 개미 이야기를 들은 마의 선인은 크게 깨닫고는『마의상서』에 글을 남겼다. 김구가 읽은 마지막 장의 심상이 그 대목이다. 사람들은 턱을 깎고 새 눈썹을 만드는 성형으로 자기 얼굴을 바꿀 수 있다고 생각한다. 그러나 사람의 진면목은 마음에서 나온다. 남에게 호감을 주는 얼굴을 가지려면 마음을 곱게 써야 한다. 심성이 착하고 남을 돕고 배려하면 얼굴이 부드럽게 변하기 때문이다. 조선 후기의 문신 성대중(1732~1812)이 쓴『청성잡기』에 이런 말이 나온다. "사람의 관상을 보는 것보다 사람의 말을 듣는 것이 낫고, 사람의 말을 듣는 것보다 사람의 행동을 살펴보는 것이

낫고, 사람의 행동을 살펴보는 것보다 사람의 마음을 헤아려 보는 것이 낫다." 얼굴보다 말을, 말보다 행동, 행동보다는 마음을 보라는 당부이다.

좋은 마음이 좋은 얼굴을 만든다. 반면 좋은 얼굴을 가지고 있더라도 나쁜 마음을 먹으면 사악한 인상으로 바뀔 것이다.

44. 인생삼락(人生三樂)

孔子가 太山에서 유유자적하고 있을 때의 일이다. 노(魯)나라의 '성'이란 마을 어귀에서 영계기(榮啓期)와 마주치게 되었다.

영계기는 사슴의 털가죽을 두르고 노끈을 허리에 두른 허술한 차림으로 거문고를 타면서 흥겹게 노래를 부르고 있었다.

공자가, "당신은 뭐가 그리 즐겁소?" 하고 묻자 영계기가 대답했다.

"내게는 즐거운 일이 수없이 많소.

우선 하늘이 만든 만물 가운데서 나는 그 사람으로 태어났으니 이것이 첫째로 즐거운 일이오. 남자와 여자 사이에 남자가 더 귀하지 않소. 그런데 나는 그 남자로 태어났으니 이것이 둘째로 즐거운 일이오.

또 사람으로 태어나더라도 햇빛도 못 보고 죽거나 배내옷을 벗기 전에 죽기도 하는데 나는 아흔까지 살았으니 이것이 셋째 즐거움이오. 가난한 것은 선비의 본분 종착점까지 걸어가고 있는데 또 무엇이 못마땅해 마음을 괴롭힌단 말이오."

공자는 그가 하는 말을 듣고, "대단한 인물이로군. 참으로 마음에 여유를 지니고 있는 사람이다." 하고 감탄했다.

* 공자(B.C 551~B.C 479)의 인생삼락(人生三樂)

『논어(論語)』 학이편(學而篇)에 나온다.

① 學而時習之 不亦說乎(학이시습지 불역열호)

배우고 때때로 배운 것을 익히면(修身) 또한 즐겁지(悅=說, 혼자만의 즐거움) 아니한가?

② 有朋自遠方來 不亦樂乎(유붕자원방래 불역락호)

벗이 먼 곳에서 찾아오니 또한 즐겁지(樂, 함께하는 즐거움) 아니한가?

③ 人不知而不溫 不亦君子乎(인부지이불온 불역군자호)

남들이 (수신한 나를) 알아주지 않더라도 (내가 알아주지 않는 남에게) 성내지 않으니 또한 군자(君子, 완성된 인격자)가 아니겠는가?

* 신흠(申欽, 1566-1628)의 인생삼락(人生三樂)

조선 중기의 문인이며 정치가인 신흠의 문집 『상촌집(象村集)』에 나오는 삼락(三樂)이다.

① 문 닫으면 마음에 드는 책을 읽고

② 문 열면 마음에 맞는 손을 맞이하며,

③ 문을 나서면 마음에 드는 산천 경계를 찾아가는 것.

* 孟子((B.C 372~B.C 289)의 三樂

① 부모형제가 무고한 것이요.

② 하늘 우러러 부끄럼 없는 것이요.

③ 천하의 영재를 얻어 교육하는 것.

* 秋史 김정희(1786~1856)三樂

① 讀 책 읽고 글 쓰고 항상 배우는 선비 정신을,

② 色 사랑하는 사람과 변함없는 애정을 나누고,

③ 酒 벗을 청해 술잔 나누며 세상과 인간사 애기하며 가무와 풍류를 즐김.

* 노자(老子 B.C~B.C 471)의 인간삼락(人間三樂)

① 쾌식(快食).

② 쾌변(快便).

③ 쾌면(快眠).

45. 오형오락(五刑 五樂)

정조시대의 심노숭(沈魯崇, 1762~1837)의 『자저실기(自著實紀)』를 보면, 노인의 다섯 가지 형벌(五刑)과 다섯 가지 즐거움(五樂)에 대해 논한 대목이 흥미를 끈다. 여선덕(呂善德)은 "사람이 늙으면 어쩔 수 없이 다섯 가지 형벌을 받게 된다."고 말했다.

① 보이는 것이 뚜렷하지 않으니 목형(目刑)이요.
② 단단한 것을 씹을 힘이 없으니 치형(齒刑)이며,
③ 다리에 걸어갈 힘이 없으니 각형(脚刑)이요.
④ 들어도 정확하지 않으니 이형(耳刑)이요.
⑤ 그리고 또 궁형(宮刑)이다.

눈은 흐려져 책을 못 읽고, 이는 빠져 잇몸으로 호물호물한다. 걸을 힘이 없어 집에만 박혀 있고, 보청기 도움 없이는 자꾸 딴소리만 한다. 마지막 궁형은 여색을 보고도 아무 요동이 없다는 뜻이다. 여선덕의 이 말을 듣고 심노숭이 즉각 반격에 나선다. 이른바 노인의 다섯 가지 즐거움이다.

① 보이는 것이 또렷하지 않으니 눈을 감고 정신을 수양할 수 있고.

② 단단한 것을 씹을 힘이 없으니 연한 것을 씹어 위를 편안하게 할 수 있고.

③ 다리에 걸어갈 힘이 없으니 편안히 앉아 힘을 아낄 수 있고

④ 귀가 잘 들리지 않으니 나쁜 소문을 듣지 않아 마음이 절로 고요하고.

⑤ 여색을 보고도 거시기가 요동치지 않으니 패가망신당할 행동에서 저절로 멀어진다.

이것을 다섯 가지 즐거움(五樂)이라고 한다. 생각을 한 번 돌리자. 그 많던 노화에서 오는 내 몸의 불행과 좌절이 더 없는 은혜와 기쁨으로 변한다.

① 눈을 감아 정신을 기르고,
② 가벼운 식사로 위장을 편안케 한다.
③ 힘을 아껴 고요히 앉아 있고,
④ 귀에 허튼소리를 들이지 않으며,
⑤ 정욕을 거두어 장수의 기틀을 마련한다.

다가오는 五刑도 五樂으로 받아들이는 긍정적 자세가 중요한 듯하다.

46. 장무상망(長毋相忘)

"오랜 세월이 지나도 서로 잊지 말자."라는 뜻이다.

이 말은 추사 김정희(秋史 金正喜)의 마지막 〈세한도(歲寒圖)〉의 인장(印章)으로 찍힌 말이다.

'장무상망(長毋相忘)'은 추사가 먼저 쓴 것이 아니라, 2천 년 전 한(漢)나라에서 출토(出土)된 기와에서 발견된 글씨이다.

'생자필명(生者必滅)'이라는 말처럼 살아 있는 것은 모두 쓰러지고 결국에는 사라진다. 그러나 추사와 그의 제자 이상적(李尙迪)과 나눈 그 애절한 마음은 이렇게 오늘날도 살아서 우리를 감동시키고 있다.

제주도 유배 중의 가장 어려울 때 추사를 생각해 준 사랑하는 제자에게 추사는 〈세한도〉를 주면서 요즘 말로 가볍게 영원불멸이라 하지 않고, 조용히 마음을 안으로 다스려 장무상망이라 표현했다. 그래서 그 애절함이 우리의 마음을 흔드는 것이다. 세상을 살면서 오래토록 서로 잊지 말자.

'長毋相忘' 이렇게 말할 수 있는 사람이 두어 명은 있어야 인생을 결코 헛되이 살지 않았다고 할 수 있을 것이다.

47. 현대 사회에서의 효(孝)의 의미

온고이지신(溫故而知新).『논어』의 위정편에 나오는 고사자성어로 "옛 것을 배워 익히고 새 것을 익히면 스승이 될 수 있다(溫故而知新 可而爲師矣)."에서 유래된 "옛 것을 바탕으로 새 것을 배워 익혀야 한다."라는 의미를 가리킨다. 이것은 인간의 삶에 있어서 어떤 발전과 변화도 그것이 전통 문화에서 단절되면 참다운 의미에서의 성공을 이룰 수 없음을 의미한다. 그런 의미에서 우리는 현대의 도덕적 위기를 극복하고 새로운 도덕을 밝히기 위해서 우리의 전통 문화 속에 담겨 있고 면면히 흘러오고 있는 도덕적 가치들을 되찾아 살려야 한다.

전통적인 효도가 맹목적이라거나 일방 통행적이라는 비판이 없는 것은 아니다. 그러나 부모의 자식 사랑에 대한 보답의 표현이 효라고 보아 쌍무적 관계로 파악하는 견해가 설득력이 있다고 본다.

효도는 부자유친(父子有親)과 부자자효(父慈子孝)로 표현되며, 이는 어버이와 자식 간의 관계에 있어서 가장 으뜸가는 도덕 원리가 효도임을 의미한다. 그러므로 이 부자 관계의 도덕 원리로서 효도는 첫째 은혜와 감사, 둘째 봉사와 헌신, 셋째 경애와 배려라고 하는 현대적 도덕 교육의 과제를 포함하고 있다.

『효경(孝敬)』에 '신체발부 수지부모 불감훼상 효지시야(身體髮膚 受之父母 不敢毁傷 孝之始也)'라 하여 전통 사회에서는 인간이 육신을 입고 이 세상에 태어나게 된 것은 부모로 인한 것이기 때문에 나의 모든 존재의 근원이 바로 부모의 은혜에 기인하는 것이다. 부모는 나를 낳아 기르셨으니, 그동안의 수고로움은 말로 형언할 수 없으며, 이 은혜를 다 갚자면 하늘 끝도 오히려 모자란다고 한다.

효라는 글자가 늙은 부모를 떠받드는 형상으로 만들어졌다고 한다. 자식이 부모에게 봉사하고 헌신하는 것은 은혜에 대한 하나의 보답 형식이다.

부모 봉양하는 것이 짐승에게 먹이를 주어 기르듯 하는 것이라면 그것은 결코 효라고 할 수 없다. 단순한 봉양만으로 효도를 말할 수 없는 것이다. 효도는 이 공경심을 필수 요건으로 하는 것이며, 이 공경심이 마음속으로부터 우러나와 봉사 헌신하려는 정성이 있을 때 가치 있는 것이다.

부모의 은혜는 하늘보다 높고 지구보다 더 넓다.

우리들은 부모의 은혜 속에서 낳고 자라고 가르침을 받아, 가족을 형성하여 지금 풍족하고 여유 있는 가정 공동체를 이루고 살아가고 있다. 부모의 은혜의 그 깊이와 넓이를 알면서도 생각이나 비단결 같은 말로만 그치고 그 은혜에 보답하는 구체적인 실천 의지가 미흡하다는 아쉬움 속에서 부모는 점점 노쇠해 가고 있다.

48. 실천적인 효(孝)

영국의 역사학자 아놀드 토인비(1889~1975)는 "한국에 생명수가 있다. 그것은 바로 효이다."라고 설파하였다. 우리나라 전통 사상의 핵심이라고 할 수 있는 효 사상은 중국에서 유교 사상과 함께 전래된 사상이라고 주장하는 사람들도 있지만, 사실은 유교 사상이 들어오기 이전부터 있었던 우리 민족 고유의 정신이었다.

부모에 대한 효(孝)는 양구(養口)하는 일이다. 항상 부모의 입을 즐겁게 해드리는 것이 바로 효의 첫걸음이다. 언제나 어디서나 부모가 자기 생각이나 의견에 대한 말씀을 할 기회를 많이 할애하고 더욱 참여 의식을 더욱 높여 나가야 한다. 효(孝)는 양식(養式)이다. 효는 부모가 주무시고 거처하는 곳을 평안하고 쾌적하게 하여 잘 대접하는 일이다. 출필고반필면(出必告反必面)이라 하여 집을 나설 때는 반드시 아뢰고 돌아와서는 반드시 얼굴을 보여 드려 걱정하지 않도록 해 부모의 마음을 항상 편안하게 해 드린다. 효(孝)는 양지(養志)다. 효는 부모의 뜻을 항상 존중하고 받드는 것이다. 효는 부모의 뜻을 바꾸려고 하거나 변화를 강요하거나 지나치게 간섭하지 않고 그 뜻을 늘 수용하는 태도이다. 효(孝)는 색란(色難)이다. 효는 부모를 대할 때 얼굴빛을 부드럽고 밝게 대하는 것이다.

부모를 항상 밝은 표정으로 대하고 존중하는 데서 효가 시작된다.

부모의 내리사랑은 항상 헌신적이고 무조건적이고 희생적이다.

49. 당당한 골드 노년의 인생을 꾸민다

노년기에는 무엇이든 일하고, 아낌없이 베풀고, 끊임없이 배워야 한다.

영국의 권위 있는 연구기관이 발표한 세계에서 가장 행복한 나라 중에서 우리나라는 56위를 기록했다. 1위에서 4위는 덴마크, 필란드, 노르웨이, 스웨덴이 차지했다. 모두 복지국가라는 수식어가 늘 따라다니는 나라들이다. 이 나라들의 공통점은 평생교육 분야에 있어서 세계적으로 앞서가고 있다는 점이다. 학습하는 것 자체가 행복을 가져다주는 필요충분조건은 아니지만 배우려는 동기가 있고 목적이 분명할수록 학습의 과정과 결과는 긍정적이고 행복에 이르는 효율적이고 효과적인 방법이다. 노년기라는 새로운 인생 단계를 맞이하며 살아가기 위해서는 치열한 학습이 필요하다. 평생교육은 "평생 현역으로 살기 위해 머리를 지켜라."라는 의미이다. 머리는 사령탑이다. 사령탑을 잃으면 인생을 잃는다. 노년기에 불가피하게 육체가 쇠퇴한다고 해서 머리도 기력도 반드시 쇠퇴하는 것은 아니다. 머리는 단련시키기 위해서 평생 공부를 계속해야 한다.

50. 노년기에 매력 자본을 지닌다

70세 노인(老人)을 신중년(新中年)이라 하고 80세 노인을 초로장년(初老長年)이 한다.

영국 런던대학 정치경제대학교 교수인 캐스린 하킴(CatherineHakim)은 「매력 자본(Erotic Capital)」이라는 논문을 2010년에 발표했다. 그가 말한 매력은 잘생긴 외모만을 뜻하는 것이 아니다. 유머 감각(fine sense of humor)과 활력, 세련미, 상대를 편안하게 하는 기술 등 다른 사람의 호감을 사는 멋진 태도나 기술을 말한다.

이런 멋진 태도나 기술은 나이가 많다고 쇠퇴하지 않고 오히려 더 좋아질 수 있다는 설명이다. 그것은 바로 경륜이라고 했다. 매력이 능력이고 경쟁력이라는 것이다. 그는 다음의 다섯 가지를 충실히 실천하면 분명히 매력 자본을 갖춘 멋쟁이 노신사가 될 수 있다고 설명한다.

① 얼굴에서 웃는 모습이 떠나지 않아야 한다.

늘 웃는 얼굴을 하라고 했다. 그는 지하철의 경로석에 앉은 노인들을 유심히 살펴보니 거의 모든 노인들의 인상이 찌푸려져 있었다.

② 항상 마음에 여유를 가져라.

이러쿵저러쿵 따지고 가르치려 하지 말라고 한다. 나이 들어서 세상사에 불평불만이 많은 것처럼 흉한 것도 없다고 했다. 마음에 안 들고 불편하더라도 가르치려고 하지 말라고 한다.

③ 품격을 지켜라.

하고 싶은 말이 있더라도 매우 긴요하지 않으면 가급적 삼가 하라고 한다. 건널목을 무단 횡단하는 일이 나이 든 이의 특권은 아닌 것 같이 삼가 해야 할 것은 확실히 삼가 하라고 한다.

음식도 적당히 깔끔하게 드시고 음주 후에도 중언부언을 삼가 하고 몸가짐을 흩트리지 말라고 한다. 노인이라고 다 똑같은 노인이 아니라고 한다. 시기적절한 유행도 외면하지 말라고 한다.

④ 자신의 마음 마당을 항상 사랑으로 가득 채우고 사랑으로 충만한 삶을 향유한다.

삶을 관조하면 그대와 나. 모두가 존귀한 존재임을 깨닫게 되고 표정이 따뜻해지고 언어가 따사로워지면 모두가 소중한 존재임을 깨닫게 된다.

⑤ 오늘 하루를 만끽하며 살아야 한다.

과거의 일 특히 "왕년에 내가…." 하지 말라고 당부한다. 그리고 미래도 걱정하지 말라고 한다. 슬픈 말이긴 하지만 "노인에게는 미래가 없다."는 선언을 받고 살아간다는 자세가 필요하다고 했다. "최선을 다하여 오늘 하루를 즐기시라. 그래야 멋져 보인다."라고 했다.

51. 3평

톨스토이(1828~1910)의 작품인 『3평의 땅』에 보면 '이반'이라는 농부는 평생토록 주인집에서 머슴살이를 했다.

어느 날 주인은 이반을 독립시켜 주려고 불렀다.

"내일 아침부터 네가 밟고 돌아오는 땅은 모두 네게 주겠다."

평생을 머슴살이로 늙은 그는 다음 날 새벽을 기다리느라고 한잠도 못 잤다. 새벽부터 달리기 시작한 그는 쉬는 시간도 없이 뛰고 또 뛰었다. 한 평의 땅이라도 더 차지하기 위해 먹는 것도 잊어버리고 뛰었다. 평생의 한을 풀기 위하여 밤이 늦도록 뛰어 주인집 대문에 들어서면서 지쳐 쓰러져 죽어 버리고 말았다. 그가 마지막 차지한 땅은 '3평'뿐이었다. 무덤으로 사용한 자그마한 땅이 그가 평생토록 머슴살이 하고 뛰고 또 뛰어서 얻은 땅이었다. 톨스토이 작품에만 이반이 있는 것이 아닙니다. 주변에 이런 사람들 많다. 많은 것을 얻고도, 더 많은 것을 얻으려고 먹지도 않고, 쓰지도 않고, 욕심 사납게 살다가 어느 날 3평이 기다리는 무덤 속으로 사라지는 사람들 말이다. 욕심이 가득한 눈에는 3평이 보이지 않는다. 오늘 밤이라도 하늘이 부르면 가야 하는 인생인데, 3평만을 위해서 머슴살이 할 수는 없다.

52. 묘비명(墓碑銘)

사람들은 누구나 죽을 때, 자기 인생을 짧은 문장으로 요약 하고 싶어 한다. 내가 죽고 나서 어떤 삶을 살았던 사람으로 기억되어야 될 것인가를 깊이 생각하게 된다.

스위스의 교육학자로 빈민교육을 주창했고 학생 자신의 능력을 강화시킬 수 있도록 고안한 교수법을 강조한 교육의 아버지 '페스탈로치(1746~1827)'는 "남을 위해 모든 것을 바치고 자신을 위해서는 아무것도 하지 않았다."는 묘비명을 남겼다.

아름다운 묘비명이다. 인생은 생각보다 길지 않다. 그 짧은 인생도 고난의 연속이며 갈등과 좌절이 수시로 두 발을 막아선다. 그러나 살아온 인생의 발자취는 작품으로 남는다. 평범한 작품도 있겠지만 형언할 수 없는 명작도 있다.

"에이 괜히 왔다 간다."

- 중광 스님(1935~2002)

"필생즉사(必生卽死) 필사즉생(必死卽生)(살자 하면 죽을 것이고 죽고자 하면 살 것이다.)"

– 이순신 장군(1545~1598)

"나는 아쉬울 것 없어라."

– 김수환 추기경(1922~2009)

"지금 그 사람 이름은 잊었지만, 그 눈동자 입술은 내 가슴에 있네."

– 박인환 시인(1026~1956)

"나는 어머님의 심부름으로 이 세상에 나왔다가 이제 어머님 심부름을 다 마치고 어머님께 돌아왔습니다."

– 조병화 시인(1921~2003)

"우리가 독립운동을 할 때 돈이 준비되어서 한 것도 아니고 가능성이 있어서 한 것도 아니다. 옳은 일이기에 또 아니하고 서는 안 될 일이기에 목숨을 걸고 싸운 것이 아니야."

– 조봉암 정치가(1898~1959)

"위엄을 떨쳐 나라를 구할 때 백발이 성성했구나. 삼척동자도 그의 이름을 알고 있으니 한 조각 붉은 마음 응당히 죽지 않아 천추에 태산같이 우뚝하더라."

– 최영 장군(1316~1388)

"말은 행실을 덮어 주지 못하였고, 행동은 말을 실천하지 못 했도다. 그저 요란하게 선현의 글 읽기만 좋아했지만 자기 허물을 하나도 고치지 못했기에 돌에 새겨 뒷사람을 경계하노라."

– 허목(조선 학자)(1596~1682)

"천당이 가까운 줄 알았는데 멀어! 멀어!"

– 박수근 화가(1914~1965)

"나 하늘로 돌아가리라. 아름다운 이 세상 소풍 끝내는 날 가서 아름다웠다고 말하리라."

– 천상병 시인(1930~1993)

"돈, 돈⋯. 슬픈 일이다."

– 김유정 소설가(1908~1993)

"할 말이 너무 많다."

– 흥선대원군(1829~1898)

"버리고 갈 것만 남아서 참 홀가분하다."

– 박경리 작가(1926~2008)

"땅속의 개미들은 입에 들어오고 파리와 모기는 살을 물어뜯네."

– 남효온 문신 생육신(1454~1492)

"비상한 세대에 비상한 인물이 비상한 재주를 갖고 태어났으나 끝내 비상한 공을 이루지 못했다."

– 김옥균 정치가(1851~1894)

"高麗守門下恃中　鄭夢周之墓(고려수문하시중 정몽주지묘, 종 1품 관직에 있었던 정몽주의 묘)"

– 정몽주 고려 문신(1338~1392)

53. 가족을 튼튼하고 행복하게 만드는 비결

　가족(Family)은 부부, 부모, 자녀, 형제 등 혈연에 의해 맺어지며, 생활을 함께하는 공동체, 또는 그 구성원이다. 가족의 정의에는 공동의 주거, 경제적 협력, 성적인 재생산에 의해 특징지어지는 사회 집단임이 내포된다. 가족은 공동 사회 집단으로 집단 구성원들은 서로 애정과 상호 이해로 결합되어 외부의 간섭이나 장애에도 분열되지 않은 강력한 집단 관계를 지닌다. 그러나 가족은 매우 이질적인 성원들로 이루어진 집단이다. 가족이란 우리가 가장 큰 책임을 느껴야 하는 우리의 성취이자 동시에 가장 중요한 유산이다. 직업이나 수입, 생활 수준, 야망보다 더 중요한 것이 가족이다.

　한 개인의 삶이 연령의 증가에 따라 일정한 단계를 거쳐 형성되는 것처럼 두 남녀가 결혼을 통해 부부가 되어 한 가족이 변화되어 가는 모습도 또한 일련의 특정한 발달 유형을 나타낸다. 이러한 가족의 발전적 단계를 가족생활주기(Family life cycle)라고 한다.

　그 6단계는 형성기, 자녀 출산 및 양육기, 자녀 교육기, 자녀 성인기, 자녀 결혼기, 노년기이다.

　취업 여성의 증가 현상에 따라 부부 취업 가족이 새로운 유형으로 뿌리를 내릴 것으로 보인다. 부부 취업 가족이 정착하기 위해서는 평등주의적 가족 이념과 공평한 역할 수행이 기본 전제가 되어야 한다. 가사 노동의 과학화, 역할 분담, 취업 여성의 차별 대우에 대한 해결, 가정 안에서의 육아, 재산 관리, 가사 관리의 공유화가 선행되어야 한다. 컴퓨터(핸드폰)는 부작용도 있지만, 직장에서의 대인관계로 인한 스트레스가 줄어들고 가족생활을 하면서 여가를 즐길 수 있는 시간이 늘어남에 따라 오히려 가족생활이 더욱 뜨거운 관계 '(Hot-relationship)'가 될 것이며 높은 질의 의사소통을 추구하게 될 것이다.

튼튼하고 행복한 가족은 다음과 같은 네 가지의 특징을 지니고 있다.

① 헌신(commitment)
튼튼한 가족의 구성원들은 서로 복지와 행복을 촉진하기 위해 헌신할 줄 안다.

② 감사와 애정(appreciation&affection)
튼튼한 가족의 구성원들은 서로 상대방의 진가를 인정하고 고마움을 표할 줄 안다. 그들은 가족이 얼마나 좋은지 느끼고 있다.

③ 긍정적 커뮤니케이션(positive communi cation)
좋은 가족 구성원들은 커뮤니케이션 기술이 뛰어나고 대화하는

시간을 많이 갖는다.

④ 응집성(closeness)

가족들이 느끼는 감정적인 친밀감과 유대감을 말하며, 결속력(togetherness)이라고 한다. 응집성은 분리, 조금 연결, 연결, 매우 연결 그리고 밀착 등 5가지 수준으로 분류한다. 행복하고 튼튼한 가족을 만드는 데는 무엇보다 시간과 노력을 투자하지 않으면 안 된다.

가정은 가족들이 세상을 살아 갈 힘의 원천이며, 가정은 가족 각자가 걸어가게 될 삶의 이정표가 된다. 사랑과 행복이 넘치는 가정은 가족들이 미래를 향해 뛰어나갈 힘의 원동력이 된다.

성서는 "만일 어떤 사람이 자기 친척, 특히 자기 가족을 돌보지 않는 다면 그는 벌써 믿음을 버린 사람이고, 비신자보다도 못한 사람이다."라고 지적하고 있다. 튼튼하고 행복한 가족은 서로 배려하는 방법을 배운 덕분에 즐겁고 긍정적인 자세를 가지고 산다. 가족 구성원들은 서로 지지하고 사랑하며 정성을 다한다. 그들은 서로 대화를 나누며 즐긴다.

54. 지혜로운 웰빙(wellbeing)

　여유 있는 노후 생활을 위해서는 3층집이 필요하다. 1층은 쌀과 같은 기본적인 국민연금, 2층은 반찬과 같은 퇴직연금, 그리고 취미에 쓰여질 3층 집은 개인적으로 마련하는 개인연금이다. 하여튼 99세까지 팔팔하게 살려면 육체 건강 관리, 정신건강 관리, 관계 건강 관리에 더욱 노력해야 한다.

　① 육체 건강 관리
　헨리 박사는『Younger Next Year』라는 책에서 생물학적으론 나이가 들면 성장이나 퇴화는 있을지 몰라도 은퇴나 노화란 없다고 단언했다. 황당한 그의 이론은 간단하다. 우리의 뇌를 속이라는 것이다. 젊게 살려면 일주일에 4일 정도를 땀이 나도록 운동을 해야 한다는 것이다. 땀이 나도록 운동을 하면 땀과 함께 수백 개의 화학신호가 몸 구석구석에 보내지면서 고장 난 곳을 스스로 찾아내어 치료하고 퇴화를 가로막고 성장을 촉진시킨다는 것이다. 사람 몸은 기계와 같이 나이가 들면 낡아지는데 그중에서도 혈관과 관절이 가장 문제가 된다. 그 문제를 약으로 해결하려 한다면 내성만 기를 뿐 결코 근본적인 대책이 될 수 가 없다. 한국인이 만약 평균 수명까지 생존한다면 암에 걸릴 확률은 26% 정도라고 한다. 운동은 이러한 암뿐만 아니라 모든 병을 막아 주는 파수꾼 역할을 톡톡히 하고 있다. 운동은 비만을 사전에 예방하고 신체의 각종 호르몬 수치에 변화를 주고 음식물이 장에 머무는 시간을 줄어들게 하고 근력 증가, 체력 향상은 물론이고 면역강화, 정신 건강은 보너스로 주어지게 된다. 그러므로 운동(배드민턴이나 자전거 타기, 골프 등)은 장수를 떠나서 건강한 인생을 살려면 선택이 아니라 필수적인 과제임을 알고 즐겁고 기쁘게 해야 한다.

② 정신 건강 관리

사람들은 노후 생활을 준비할 때 재정이나 건강은 나름대로 계획을 세우지만, 정신 건강은 늘 관심 밖으로 밀려나기가 쉽다. 아니, 아예 생각조차 못 하는 경우가 일쑤다. 하지만 건강하고 의미 있는 인생을 위해선 이 모든 것보다도 정신 건강을 설계해야 할 필요성은 한국인들의 사망 원인을 분석해 보면 바로 알 수 있다. 암과 뇌혈관질환 그리고 심장질환이 1위에서 3위를 차지하지만 4위는 어이없게도 자살이라고 한다. 20대와 30대에서는 자살이 이미 사망 원인의 1위를 차지하고 있는 실정이다. 우리나라 65세 이상 인구 중 약 9% 정도가 치매노인이라고 한다. 미국에서도 치매 확률은 65세엔 1%지만 75세면 10%, 85세 이상이면 50% 정도라니 암보다 더 두려운 것이 치매라고 할 수 있다.

치매는 개인과 가정 파괴범같이 장수와 건강한 삶의 최대 복병이 되고 있으니 정신 건강에 적극적으로 신경을 써야 된다. 삶의 질은 나이를 불문하고 맑은 정신과 원만한 성격, 정서적인 안정에서 출발하게 된다. 정신 건강이란 한마디로 적극적인 삶의 자세를 계속 늦추지 않는 것이다. 더 깨끗해야 하고(Clean Up), 더 옷에 신경 써야 하고(Dress Up), 더 상대방 말을 들어 주어야 하고(Shut Up), 더 많은 사람을 만나고(Show Up), 더 잘 어울려 주고(Cheer Up), 더 지갑을 열고(Pay Up), 더 포기하고(Give Up), 더 움직인다(Move Up). 나이 들어도 존경받는 8가지 방법이다. 한마디로 이 내용은 나이가 들수록 나이 든 티를 내지 말고 젊었을 때처럼 똑같이 생활하라는 것이다. 누구라도 이런 식으로 산다면 존경받는 풍요로운 삶이 될 것이다. 이 8가지 방법을 가능하게 하는 것은 간단하다. 그것은 적극적인 삶의 태도에 달린 것이다. 생활 속에서 바른 의식을 갖고 적극적인 자세로 살아간다면 정신도 건강하고 생활에 활력을 얻어 치매나 우울증도 이길 수 있다. 암 발병 원인 80%가 잘못된 생활 습관에서 온다. 그만큼 건강한 생활 습관은 양질의 삶의 가장 중요한 관건이다.

③ 이웃(배우자)과의 관계 건강

신은 인간의 행복을 처음부터 혼자서는 누릴 수 없도록 만들었다. 일방통행같이 자기 뜻만 내세우는 사람은 아무리 돈이 많고 건강해도 삶은 언제나 무미건조하다. 천국은 이웃(배우자)이 있는 사람의 것이다. 행복은 이웃(배우자)이 있는 사람만이 누릴 수 있는 특권이다. 앞에서 말한 헨리 박사의 "노화는 없다."는 말은 나머지 방법도 전부 이웃과 관계에 대한 것이다. 곧 남과 나를 아끼는 생활이란 친구들과 자주 만나 담소하며 따뜻한 정을 나누고 봉사하는 삶을 살라고 권하고 있다.

나이가 들수록 이웃과 친구도 없이 혼자 독불장군처럼 살면 재미가 문제가 아니라 스스로 자기 명을 재촉하는 결과가 될 것이다. 사람은 나이가 들수록 아랫사람들에 게 책망하기 쉽지만 행복한 노년을 위해선 그 반대로 살아야 한다. 곧 자기 주위에 있는 사람들을 늘 인정해 주고 칭찬해 주므로 이웃으로부터 꼭 필요한 사람으로 살아야만 노년이 아름답다. 나로 인해 한을 품는 이웃이나 가족이 있다면 죽고 싶어도 아마 죽기도 어려울 것이다. 적당할 때 2, 3일 앓다가 쉽게 죽으려면 평소 젊을 때부터 이웃(배우자)에게 좋은 씨를 많이 뿌려야 한다. 행복한 노후의 3대 조건은 건강과 돈 그리고 봉사할 거리이다. 봉사적인 삶이란 나이티 내지 않고 초심을 갖고 다른 사람을 섬기는 자세다. 그렇게 섬길 때 육체적인 기쁨은 물론이고 정신적으로도 안정감을 찾으며 미래에 대해 자신감을 갖게 되는 것은 섬김을 통해 이웃의 아픔을 함께 나누므로 그들과 하나 됨을 느끼며 자신을 돌아볼 여유를 갖기 때문이다. 돈만으론 인생이 행복할 수 없다는 것을 하루라도 빨리 깨달아야 바른 노년을 준비할 수 있다. 건강과 함께 무언가 몰입할 수 있는 일거리와 이웃(배우자)이 있어야만 목표가 생기고 하루하루가 새로워지는 법이다.

55. 공수래공수거 인생(空手來空手去 人生)

　사우디 압둘라 빈 압둘아지즈 알사우드(1924~2015) 6대 국왕이 20여 년간의 집권을 접고 세상을 떠났다. 총리직과 입법, 사법, 행정의 삼권을 손에 쥐고 이슬람 성직까지 장악한 힘의 메카(Mecca)였던 그도 세월 앞에 손을 들고 한 줌의 흙으로 돌아갔다. 사우디는 지금도 우리나라 돈으로 3경 원에 해당되는 3,000여 억 배럴 이상의 석유가 묻혀 있고, 자신이 소유한 재산만 해도 18조에 이르렀지만 결국 '폐렴 하나 이기지 못한 채' 91세의 일기로 생을 접어야 했다.

　이슬람 수니파(Sunni Islam)의 교리에 따르면 "사치스런 장례는 우상숭배다."라고 하여 서거 당일 남자 친척들만 참석한 가운(棺)데 수도에 있는 알오드 공동묘지에 묻혔다. 시신은 관도 없이 흰 천만 둘렀으며 묘는 봉분을 하지 않고 자갈을 깔아 흔적만 남겼다. 비문도, 세계 지도자들의 조문도 없이 평민들 곁에 그저 평범하게 묻혔다.

　과연 공수래공수거의 허무한 삶의 모습을 실감케 한 장례였다.

56. 솔로몬 왕(King Solomon)의 술회

다윗의 아들로 이스라엘을 40년 간 다스리며 절대 권력을 쥔 솔로몬(B.C 990~B.C 931) 왕은 부귀영화를 누린 것뿐만 아니라 일찍이 세기의 철학자요, 예술가며, 예언가이자, 종교 지도자였던 솔로몬 왕은 "헛되고 헛되니 모든 것이 헛되도다." 이렇게 인생을 술회하고 세상을 떠났다.

솔로몬 왕이 인생에서 좋다는 것을 다 누려 본 뒤 전도서에 남긴 메시지는 크게 3가지로 요약할 수 있다.

첫째는, 사람은 언젠가 죽는다는 것을 기억하라는 '메멘토 모리(Memento Mori)'이다. 지혜로운 사람도, 어리석은 사람도, 부자도, 가난한 사람도, 다 죽는다는 것이다.

둘째는, 겸허하라는 것이다.

사람이 능력이 있다고, 잘나간다고, 또 열심히 노력한다고 해서 다 이룰 수 있는 것이 아니고, 할 수 없다는 것도 있다는 것을 認定하고 겸허하라는 것이다.

셋째는, 현재를 누리는 것이다.

살아 있는 동안 기뻐하고, 주워진 환경에 순응하고, 욕심내지도 말고, 주워진 시간에 만족하며 충실히 살라는 것이다.

과거는 이미 흘러간 물이니 얽매일 필요가 없다.

미래는 아득하기가 마치 바람 같으니 바랄 수가 없다.

오직 현재뿐이다. 궁한 처지에 있건 나은 처지에 있건 때를 얻으면 행하고 때를 얻지 못하면 멈추며 최선을 다해야 할 것이다. 그럭저럭 시간을 보내면서 훗날을 기다리며 다른 사람을 탓하고 세월을 헛되이 보낸다면 참으로 안타까운 일이다.

인생 마지막 길목에서 인생 살아온 그 길을 되돌아보는 순간, 장의차에서 시신이 든 목관이 내려지고, 2초 후에는 화로 속으로, 1시간 30분이 지나면 안내판 자막이 뜬다.

"잠시 후에는 유골이 수습되어 화장이 끝납니다."

한 줌의 재, 멋있는 당신도 나 같은 사람도 화장장은 삶을 청산하는 곳이다.

인생의 마지막 길이 모두 그렇게 끝이 난다.

잘났다고 까불지 마라! 주머니가 두둑하다고 폼 재지 마라! 예쁜 척하지 마라! 힘센 척하지 마라!

잘난 놈이나 못난 놈이나 다 마찬가지다.

다 같이 한 줌 재가 된다.

57. 인향만리(人香萬里)

　인생(人生) 60대는 해(年)마다 늙고 70대는 다달(月)이 늙고 80 대는 나날(日)이 늙고 90대는 때(時)마다 늙고 백 세가 되면 분(分) 마다 늙는다고 한다. 노후의 친구는 가까이 사는 친구가 좋고 자주 만날 수 있어야 하며 취미나 종교가 같으면 더 좋다.

　유수불복회(流水不復回) 흐르는 물은 다시 돌아오지 않고

　행운난재심(行雲難再尋) 떠도는 구름은 다시 볼 수 없네…

　노인두상설(老人頭上雪) 늙은이의 머리 위에 내린 흰 눈은…

　춘풍취불소(春風吹不消) 봄바람이 불어와도 녹지를 않네…

　춘진유귀일(春盡有歸日) 봄은 오고 가고 하건만

　노래무거시(老來無去時) 늙음은 한 번 오면 갈 줄을 모르네

　춘래초자생(春來草自生) 봄이 오면 풀은 저절로 나건만

　청춘유불주(靑春留不住) 젊음은 붙들어도 머물지 않네

　화유중개일(花有重開日) 꽃은 다시 피는 날이 있으나

　인생갱소년(人生更少年) 사람은 다시 소년이 될 수 없네

　산색고금동(山色古今同) 산색은 예나 지금이나 변하지 않으나

　인심조석변(人心朝夕變) 사람의 마음은 아침과 저녁으로 변하네…

화향백리(花香百里) 꽃의 향기는 백리를 가고

인향만리(人香萬里) 사람의 향기는 만리를 간다…

58. 돈의 철학

돈과 관련해서 제일 먼저 떠오르는 철학은 '재다신약(財多身弱)' 이다. 돈이 많으면 몸이 약해진다. 돈을 벌고 유지 관리하는 일은 너무 신경 쓸 일이 많다.

동학과 6·25 같은 사회 혼란기에는 돈 많은 사람이 타깃이 되었다.

업보(業報)를 나누는 것이기 때문이다. '식신생재(食神生財)'도 있다. 베푼 것이 쓰리쿠션으로 돌아와 돈이 되는 수가 있다. 식신(食神)은 남에게 먹이기를 좋아하는 기질을 가리킨다. 잘 베푸는 스타일이다. 팔자에 이게 있는 사람들은 이상하게도 돈이 붙는다. 식신 팔자는 위기를 겪을 때 전혀 예상 못 한 사람이 나타나 도움을 주기도 하고, 넘어져도 돈이 있는 쪽으로 넘어지는 경향이 있다. 외가, 친가를 막론하고 조부, 증조부 대에 인심이 후했던 집안의 후손들이 '식신생재' 팔자를 타고난다. 윗대에 베풀어 놓은 것이 사라지지 않고 후손에게 유전이 된다. 그래서 혼사를 할 때는 상대방 집안의 윗대가 어떻게 살았는지를 참고할 필요가 있다. 돈은 많지만 인색한 집안하고 혼사를 하면 자손이 별 볼일 없거나, 뭐 좀 될 만하면 뜬금없이 누가 등장하여 고춧가루 뿌리는 일이 발생한다.

경주 최 부잣집이 오래간 것도 "흉년에 논[田畓] 사지 말라.", "주변 백 리 안에 굶어 죽는 사람이 없게 하라."는 철학이 있었기 때문이다.

신라 천년의 왕도(王都)가 경주였고, 그 천년 왕도의 흔적이 없어지지 않고 최 부잣집에 남았다고 본다.

"돈이 뭡니까?", "道 돈 不二여!" 도(道)와 돈이 둘이 아니라는 수불(修弗) 선사의 한마디가 생각난다.

돈에는 도가 들어 있다.

59. 좋은 이웃

중국 남북조시대의 『남사(南史)』에 보면 송계아(宋季雅)라는 고위 관리가 정년퇴직을 대비하여 자신이 노후에 살 집을 보러 다닌 이야기가 나온다.

그는 천백만금을 주고 여승진(呂僧珍)이란 사람의 이웃집을 사서 이사하였다. 백만금밖에 안 되는 그 집값을 천백만금이나 주고 샀다는 말에 여승진이 그 이유를 물었다.

송계아의 대답은 간단했다. "백만매택(百萬買宅)이요, 천만매린(千萬買隣)"이라.

"백만금은 집값으로 지불하였고, 천만 금은 당신과 이웃되기 위한 프리미엄으로 지불한 것입니다."

좋은 이웃과 함께하려고 집값의 10배를 더 지불한 송계아에게 여승진이 감동하지 않을 수 없었다.

예로부터 좋은 이웃, 좋은 친구와 함께 산다는 것은 인생에 있어서 무엇보다도 가장 행복한 일로 여겨졌다. 백만금으로 집값을 주고 천만금을 주고 좋은 이웃 프리미엄으로 지불하였다는 송계아의 이야기를 들으니 좋은 이웃, 좋은 친구인가 되돌아보는 시간이 된다.

60. 물극필반(物極必反)

사물이 극에 달하면 반드시 반전한다. 우리나라 속담 "달도 차면 기운다."와 같은 의미이다.

태조 이성계(1335-1408)는 무학 대사(1327-1405)와 가끔 바둑을 두었다.

실력은 대등했으나 이기는 쪽은 언제나 이성계였다.

이에 이성계가 말한다.

"대사는 나무를 보고 있지만, 나는 숲을 보는 중이라오."

무학 대사는 잔 수에 밝았으나, 이성계는 대세에 밝아 반상을 두루 살피며 바둑을 두었던 것이다. 그러던 어느 날 이성계와 무학 대사가 길을 가다가 한 농부가 산 밑에서 집을 짓고 있는 광경을 보게 되었다. 풍수지리에 능한 무학 대사는 그 농부가 3년 안에 거부가 될 거라고 말한다.

고래 등 같은 기와집이 들어설 자리라고 말했다. 그러자 이성계는 반대로 "저곳은 몇 년 안에 폐허가 될 것."이라고 말했다. 그리고 두 사람이 내기를 약속한다. 그로부터 3년 후, 그 곳을 지나던 무학 대사는 자신의 생각과 반대로 폐가가 되어 있는 광경을 목격하게 된다. 그는 이 사실을 이성계에게 전했다. 그러자 이성계는 웃으며 "대사는 풍수지리에는 밝으나 대세를 판단하는 데에는 약하다."고 충고한다. 그곳이 폐허가 된 것은 무학 대사의 풍수지리가 맞아 떨어졌기 때문이다. 대사의 예상대로 그 농부는 큰 부자가되었다. 무학 대사가 본 것은 여기까지이다. 하지만 이성계는 부자가 된 사람이 더 이상 이런 골짜기에 살지는 않을 것이라고 판단했다. 분명히 사람이 많은 곳으로 가서 떵떵거리며 살 것이라고 판단한 것이다. 그래서 그 집은 폐허가 되어 있었다. 무학 대사는 풍수지리를 읽는 것에는 능했지만 이성계처럼 사람의 마음을 읽고 결과를 예측하는 데에는 부족했던 모양이다. 여기서 우리가 배워야 할점이 있다. 집터가 명당임을 아는 것까지는 '배움의 영역'이고, 부자가 된 농부가 그 집을 떠날 것까지 보는 것은 '비움의 영역'이다.

바둑에서는 이를 '통유'의 단계라고 한다. '통유'란 채우는 단계를지나 비움으로써 또 다른 세계가 있음을 알고 이해하는 경지를 말한다. 현재의 삶보다 더 높은 차원의 삶을 살아가려 면 우리는 자기가 형성해 놓은 '자신의 틀'을 깨고 나와야 한다.

그래야 비로소 그 동안 보지 못했던 다른 다양한 현상을 발견할 수 있다. "부분적으로는 옳을 수 있어도 전체적으로 틀릴 수 있다."는 사실을 명심해야 한다. 물극필반! 달도 차면 기운다.

지나친 욕심을 부리지 말라는 뜻이다.

61. 노인지도자의 자세

경로당 노인지도자는 지적 전문성을 신장해야 한다.

"책을 두 권 읽은 사람이 책을 한 권 읽은 사람을 지배한다."는 말이 있다. 경로당을 효율적으로 운영하기 위해서는 '대한 노인회 정관 및 운영규정'을 숙지하여야 한다. 그리고 노인 관련 관계기관 과 소통이 철저하게 이루어져야 한다. 그리고 화합 능력을 발휘한 다. 화이부동(和而不同)해야 한다. '서로 다름에도 화합하다.'라는 의미로, 서로 다른 의견이나 생각을 가지고 있지만 서로를 존중하 고 협력하는 관계가 되어야 한다.

경로당 노인지도자는 경로당이 노인들의 호응도, 참여도, 만족도 가 더욱 높아지도록 노력해야 한다. 노화 현상에 대한 인식을 바로잡 고 삶에 끊임없이 도전하는 마음을 갖도록 하는 거룩한 노화(HOLY AGE)가 노인들의 과제이다. 경로당은 단순한 수명 연장의 장소가 아 니라 진정한 기능적 장수를 도모하는 단체가 되어, 100세 장수를 준비 하고 장수인을 배출하는 훈련장이 되어야 한다. 고령기는 인생의 마 지막 과정(end of human life cycle)이다. 당당하고 아름답게 나이 들 고 즐기며 멋지게 늙어 가는 노년의 모습을 지녀야 한다. 경로당이 지 혜, 사랑, 건강, 장수 공동체가 되도록, 헌신적인 봉사를 다해야 한다.

62.노후를 망치는 6가지 착각

① 나이는 숫자에 불과하다는 것은 착각이다.

나이가 들어지면 힘들어진다. 삶의 질이 떨어진다.

② 인생은 60세부터인 줄 안다는 것도 착각이다.

내리막길이다. 단, 자기가 하고 싶은 일을 할 수 있다는 예외가 있다.

③ 100세 시대이니까 40년 더 산다는 것도 착각일 수 있다. 병원과 요양원에 가 보면 앓아누워 있는 사람이 수없이 많다는 현실을 기억하라.

④ 자기만이 멋지게 늙을 줄 안다는 것도 착각이다. 더욱 자기관리를 철저히 하라.

⑤ 막연히 노후에는 무슨 수가 올 것이라는 착각에서 벗어나라. 국가나 사회(가족)가 책임져 줄 것이라는 생각도 버려라. 준비를 철저히 하라.

⑥ 그래도 나만은 예외인 줄 아는 착각에서 벗어나야 한다. 점점 건강이 나빠지고, 꼰대가 되고, 주변에서 싫어하게 된다. 누구나 예외 없이 노후는 온다.

63. 공자(孔子)의 인간관

　공자는 인간과 인간을 가장 가치 있게 하는 일이 무엇인가를 잘 알고 있었던 인간 중심의 교육자였다. 그의 철학은 '인간이 인간으로서 어떻게 살 것인가?' 또는 '어떻게 살아야 인간답게 사는 것일까?' 또는 '인간다운 삶이란 어떠한 삶을 말함인가?'라는 구체적 과제로 집약된다.

　공자는 인간의 본질로 인(仁)을 들었다. 그는 사람에게 인(仁)이 없다면 인간이라고 일컬을 수 없다고 하였다. 그는 인간의 인간된 까닭을 실천에 두었다. 그렇게 정의하기 위해서 그는 인간의 생명에 근본을 두었다.

　제자인 자로(子路)가 그에게 죽음을 묻자 '삶도 모르면서 죽음을 어떻게 안담'이라고 대답했다. 그는 신이나 죽음과 같은 형이상학적인 것보다 인간의 현실적인 생활 문제의 해결이 더 절실함을 지적하였다. 그는 삶의 문제가 완전히 파악되면 죽음의 문제도 저절로 파악될 것이라고 설명하면서 문제의 초점을 우선 해결해야 할 산 사람과 삶의 문제로 바꿔 놓은 것이다. 이렇게 그는 사람과 사람의 관계를 중시한 인간주의자이다. 그의 성격 자체가 처음부터 끝까지 인간적이다. 그가 죽은 뒤의 일에 관심을 보이지 않은 것은 유교의 종교적 성격을 희박하게 만들고 있는 것은 사실이다.

그는 인간을 알고 인간을 섬기는 일을 가장 가치 있게 여기는 인도주의 교육자이다. 그는 실천적이고 현실적인 인간학을 제시하고 있다.

그는 인도사상을 바탕으로 인간과 인간을 연결시키고, 사회생활과 집단생활을 가능하도록 하는 사랑의 실천으로써 인간을 구제하려는 것이다.

참고문헌

정홍기, Naver 정홍기부부문제상담소, 노년기 부부 건강, 2022.

정홍기, 「공자의 도덕 교육론 연구(논어를 중심으로)」, 박사 학위 논문, 1997.

부부! 그 건강한 노화

ⓒ 정흥기, 2024

초판 1쇄 발행 2024년 10월 11일

지은이   정흥기
펴낸이   이기봉
편집   좋은땅 편집팀
펴낸곳   도서출판 좋은땅
주소   서울특별시 마포구 양화로12길 26 지월드빌딩 (서교동 395-7)
전화   02)374-8616~7
팩스   02)374-8614
이메일   gworldbook@naver.com
홈페이지   www.g-world.co.kr

ISBN   979-11-388-3577-0 (03190)